R. P. Jules SOUBEN

Professeur au Prieuré de Farnborough (Angleterre)

LES MANIFESTATIONS
DU BEAU
DANS
LA NATURE

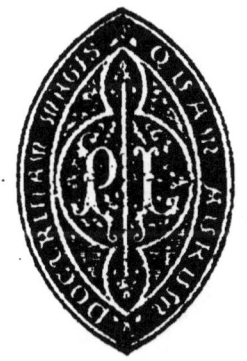

PARIS

P. LETHIELLEUX, Libraire-Éditeur

10, RUE CASSETTE, 10

Pas de doute.

LES
MANIFESTATIONS DU BEAU
DANS
LA NATURE

APPROBATION

Solesmes, le 28 Avril 1901.

Nous, abbé de Solesmes, Supérieur général de la Congrégation de France, sur le rapport favorable qui nous a été fait de l'ouvrage du Père SOUBEN, intitulé : *Les Manifestations du Beau dans la nature,* en autorisons la publication et l'impression.

FR. PAUL DELATTE,
abbé de Solesmes.

Imprimatur :

Parisiis, die 30 aprilis 1901.

P. FAGES, Vic. gén.

L'auteur et l'éditeur réservent tous droits de reproduction et de traduction.

Cet ouvrage a été déposé, conformément aux lois, en Juin 1901.

R. P. Jules SOUBEN

Professeur au Prieuré de Farnborough (Angleterre)

LES MANIFESTATIONS
DU BEAU
DANS
LA NATURE

PARIS

P. LETHIELLEUX, Libraire-Éditeur

10, rue cassette, 10

DU MÊME AUTEUR

(*Même librairie*)

L'ESTHÉTIQUE DU DOGME CHRÉTIEN.

Beau volume in-12°. 3.50

INTRODUCTION

I

Le sentiment des beautés de la nature est aussi ancien que l'homme sur la terre; mais la manière d'en jouir et de les interpréter a varié selon les époques. Les Grecs, dans la nature, admiraient surtout l'homme, ses formes harmonieuses, la souplesse de ses membres, la sérénité de l'esprit et la vigueur de l'intelligence qui se reflètent sur son visage, et ils ne se trompaient pas en voyant en lui le point culminant de l'œuvre de la création. Néanmoins, à force de s'y complaire et ne concevant rien de plus parfait, ils créèrent des dieux à son image, et quand ils jetaient les yeux sur les eaux et les bois, ils les peuplaient d'êtres supérieurs sous des formes humaines, nymphes, naïades ou dryades. A dire vrai, c'était corrompre l'idée de Dieu et gâter la libre conception de la nature. Cependant ils savaient à l'occasion oublier ces artifices et peindre simplement un beau paysage, comme la grotte de Calypso dans Homère.

« Une forêt verdoyante avait poussé autour de la grotte : c'était l'aulne, et le peuplier, et le cyprès odorant, où nichaient des oiseaux au vol rapide, chats-huants, éperviers, mouettes à la voix criarde qui se plaisent aux choses de la mer. Là aussi se déployait autour de la grotte profonde une vigne pleine de vigueur et chargée de raisins. Quatre sources rangées sur une même ligne versaient une eau limpide, et, quoique voisines l'une de l'autre, elles se dirigeaient chacune en un sens différent. Alentour, fleurissaient de molles prairies, semées de violettes et d'aches » (*Odyssée*, chant v).

Du reste, en dehors même de la mythologie dont ils la surchargeaient, ni les Grecs, ni les Romains n'avaient, au point de vue de nature, les mêmes goûts que les modernes. Ce qui leur plaisait par dessus tout, après l'homme, c'était la beauté classique, un groupe d'orangers en fleurs près de la mer tranquille et bleue, des champs couverts de moissons, des bois d'oliviers au pâle feuillage sur des collines bien dessinées et sous'une lumière éclatante ; Horace et Virgile sont pleins de traits descriptifs où se révèle cette préoccupation. Quant à la beauté sauvage, elle manquait de charmes pour eux, surtout pour les Romains ; les sites grandioses, les Alpes et leurs glaciers, les effrayaient ; Claudien ne nous laisse aucune illusion à ce sujet. D'ailleurs, il y a un procédé bien facile pour juger comment les peuples cultivés apprécient la nature : il suffit de regarder leurs jardins. Quand on lit dans Quintilien cette naïve exclamation : « Est-il rien de plus beau qu'un quinconce disposé de telle manière que, de quelque côté qu'on regarde, on n'aperçoit que des allées droites (*De Instit. orat.*, VIII, 3, 9) ? » — on est vite fixé sur la valeur 'lla portée de ses sentiments esthéti Dans la nature, la ligne brisée et la ligne courbe sont partout ; quand on éprouve le besoin de la refaire et de mettre la ligne droite à leur place, on n'est guère capable de goûter le charme du pittoresque et l'abandon du négligé. En somme, Quintilien n'inventait rien et ne faisait que traduire à sa façon la manière dont ses contemporains concevaient la belle nature.

Que l'on compare le parc anglais au jardin ou au bois chez les Romains, et l'on sentira toute la distance qui sépare l'une et l'autre conception. Malgré la déception que bien des statues lui auraient sans doute causée, Quintilien se serait reconnu dans le jardin de Versailles ; mais comme il serait dépaysé dans les sites sauvages et parmi les arbres non élagués qui plaisent si fort aux Anglo-Saxons ! Dans la conception classique, la nature fournit des matériaux bruts qu'un art raffiné se charge de mettre en valeur ; selon la pensée des modernes, l'art consiste non pas à diriger l'if et le chèvrefeuille, mais à se rapprocher le plus possible de la splendeur que la nature inculte donne à ses œuvres.

Parmi les auteurs de l'antiquité et leurs héritiers, plus ou moins légitimes, du xviie siècle, combien auraient goûté « le jardin de la Rue Plumet », chanté par Victor Hugo (*Les Misérables*, Foliis ac frondibus) ?

« En floréal, cet énorme buisson, libre derrière sa grille et dans ses quatre murs, entrait dans le sourd travail de la germination universelle, tressaillait au soleil levant presque comme une bête qui aspire les effluves de l'amour cosmique et qui sent la sève d'avril monter et bouillonner dans ses veines, et, secouant au vent sa prodigieuse chevelure verte, semait sur la terre humide, sur les statues frustes, sur le perron croulant du pavillon et jusque sur le pavé de la rue déserte, les fleurs en étoiles, la rosée en perles, la fécondité, la beauté, la vie, la joie, les parfums. A midi, mille papillons blancs s'y réfugiaient, et c'était un spectacle divin de voir là tourbillonner en flocons dans l'ombre cette neige vivante de l'été. Là, dans ces gaies ténèbres de la verdure, une foule de voix innocentes parlaient doucement à l'âme, et ce que les gazouillements avaient oublié de dire, les bourdonnements le complétaient. Le soir, une vapeur de rêverie se dégageait du jardin et l'enveloppait ; un linceul de brume, une tristesse céleste et calme, le couvraient ; l'odeur si enivrante des chèvrefeuilles et des liserons en sortait de toute part comme un poison exquis et subtil ; on entendait les derniers appels des grimpereaux et des bergeronnettes s'assoupissant sous les branchages ; on y sentait cette intimité sacrée de l'oiseau et de l'arbre ; le jour, les ailes réjouissent les feuilles ; la nuit, les feuilles protègent les ailes ».

Ainsi, d'une part, la mythologie naturaliste, de l'autre, une certaine étroitesse de goût, empêchèrent les anciens de comprendre toute la nature. Lucrèce seul, en quelques pages de son poème (*De nat. rer.*, lib. V., v. 923 et ss.), a su peindre la vie errante et sauvage de l'homme primitif avec une vivacité de couleur et une fidélité de dessin auxquelles les découvertes de l'archéologie préhistorique ont achevé de donner tout leur prix. D'ailleurs, en dépit de tous les poèmes Περί Φύσεως dans lesquels les premiers philosophes grecs s'efforçaient d'expliquer l'origine des choses, quelques-unes des sciences physiques et naturelles étaient encore au berceau, et les autres n'étaient pas nées. Or, bien que le sentiment du beau soit tout à fait distinct de la connaissance scientifique, rien n'attire plus vivement l'attention sur la nature que le développement des sciences dont elle est l'objet ; scruter ses secrets, c'est la voie directe qui mène à l'admiration pour elle.

L'atmosphère intellectuelle, les mœurs, la manière de sentir, tout se modifia profondément avec l'arrivée des Barbares. Ceux-ci comprenaient la nature autrement que les anciens. En général, sa beauté n'excite jamais d'impressions plus profondes que dans les âmes simples qui vivent tout près d'elle, en communication intime avec sa vie et ses phénomènes. Ce qui pourrait faire illusion sur ce point, c'est qu'en raison même de leur simplicité, ces âmes naïves ne réfléchissent point aux émotions que la nature leur cause ; elles les accueillent sans en étudier l'effet sur elles ; elles sentent vivement, mais se replient peu sur elles-mêmes. Incapables d'interpréter, comme le fait le poète ou l'artiste, les sentiments qui les agitent, plus incapables encore de les analyser à la manière du philosophe, elles s'en tiennent à l'admiration silencieuse et instinctive, sans se rendre compte peut-être de toute la place que la nature prend dans leur vie. Nos pères les Barbares, sortis des forêts de la Gaule ou de la Germanie, savaient parfaitement choisir des sites grandioses pour y bâtir des monastères ou des châteaux ; mais leur admiration ne débordait pas, ne s'épanchait pas en phrases enthousiastes ; elle se concentrait et, par son intimité même, n'en était sans doute que plus profonde. Dans les chansons de geste que le moyen âge nous a laissées, bien des occasions se présentaient d'encadrer les récits épiques dans une description précise et détaillée. Cependant nos vieux poètes se contentent d'un trait rapide, analogue, à mon sens, à certains vers descriptifs de La Fontaine. Ainsi, lorsque l'avant-garde de l'armée franque s'est engagée dans les défilés de Roncevaux, Turold dit simplement :

« *Hautes sont les montagnes, et ténébreuses les vallées ;*
La roche est noire, terribles sont les défilés.
Ce jour même, les Français y passèrent, non sans
[*grande douleur :*
A quinze lieues de là on entendit le bruit de leur mar-
[*che* ».

(*Chanson de Roland*, v. 814 et ss).

C'est saisissant, et l'on croit voir entre deux chaînes de pitons montagneux s'enfoncer une gorge noire, comme en lisant ces vers de La Fontaine :

> *Mais vous naissez le plus souvent*
> *Sur les humides bords du royaume des vents,*

on aperçoit un marécage solitaire dans une campagne nue, où le vent du nord fait rage.

Ce sentiment intime, qui ne s'exprime que peu ou point par des formules admiratives ou des descriptions, n'est point particulier à la race aryenne ; il répond si bien à un état d'âme général parmi les simples qu'il se retrouve chez les Indiens de la Nouvelle-Grenade vivant sur les hauts plateaux des Andes. Assurément ces Indiens seraient incapables de peindre comme Humboldt ou d'Orbigny les magnificences qui les entourent ; mais ils n'y sont pas du tout insensibles. Un savant voyageur, qui a vécu parmi eux, nous donne, au contraire, une haute idée des impressions qu'elles leur causent et de la trace profonde qu'elles laissent dans leur vie :

« Vers le sud, jusqu'aux confins de la république de l'Équateur, la masse compacte des Andes ne se laisse entamer par aucune grande vallée... Presque toute la population est composée d'Indiens, doux, laborieux, simples, ignorants, très attachés à leur pays.. Leur vie est toute contemplative. Sans cesse en face des grandes scènes de la nature, ils en reçoivent des impressions qu'ils ne sauraient analyser, mais qui n'en sont pas moins profondes » (Dr Saffray, *Voyage à la Nouvelle-Grenade*, Tour du Monde, t. XXVI, p. 78).

Cette impression explique, sans le justifier, le culte idolâtrique voué par les Indiens du Pérou au soleil et aux *cerros* (pics) :

« Ils les invoquent comme des dieux, brûlent en leur honneur de la graisse de lama, et selon la direction de la fumée, ils augurent qu'ils seront heureux ou malheureux ; ainsi, c'est le vent qui décide de leur destinée... Ils font aussi des libations de *chicha*, pour honorer les *cerros*; avant de boire la *chicha*, ils y trempent l'extrémité des doigts et secouent dans la direction du *cerro* les quelques gouttes qui s'y sont fixées » (Ernest Grandidier, *Voyage dans l'Amérique du Sud*, Pérou et Bolivie, p. 72 et s.).

Ainsi, l'admiration est à la base des religions naturalistes, tantôt dominant la crainte, comme dans les superstitions péruviennes, tantôt refoulée et comme étouffée par elle, ainsi que dans le molochisme phénicien, qui était le culte du soleil dévorant et meurtrier.

Considérée en elle-même, en dehors de tout élément étranger, l'admiration est le sentiment qu'éveille en nous la perception du beau. Mais il y a des admirations qui s'ignorent, des âmes assez sensibles pour vibrer en présence de la beauté, trop incultes pour analyser la cause de leurs impressions, pour en dégager la substance du vague, de l'obscurité, de la subjectivité, qui sont le propre du sentiment. Même lorsqu'il trouve chez l'homme, en qui il s'éveille, une faculté d'expression adéquate à son énergie, le sentiment ne change point de nature, il ne cesse pas d'être sentiment. Or, la science est ou doit être chose trop raisonnable pour prendre son point d'appui ailleurs que dans la raison spéculative.

Ces réflexions s'étendent au domaine entier de l'esthétique. Là comme ailleurs, l'homme commence par le sentiment et finit par la science. La préparation de ce complément rationnel est souvent longue et ardue : des générations s'écoulent avant que l'homme soit mûr pour l'analyse et les travaux de la pensée. Les grands poètes sont rares, moins rares cependant que les Aristote et les Platon. L'idée ne se dégage qu'après une évolution analogue à celle qui s'opère dans l'âme de l'enfant. L'enfant débute, dans le sein de la mère, par un état qui ne diffère pas ou qui diffère peu de la vie végétative ; puis les phénomènes de la vie sensitive se manifestent peu à peu en lui, jusqu'au jour souvent tardif où il s'éveille à la raison, où il prend conscience de lui-même et de sa responsabilité. De même, le sentiment de la beauté agite longtemps des âmes qui en subissent le charme sans en rechercher les causes. Cependant quelque trait de lumière, quelque remarque sagace, vient de temps à autre éclairer un peu plus le sujet ; les données se multiplient et se précisent, les documents s'amassent ; bref, les éléments de la science flottent pour ainsi dire dans l'atmosphère intellectuelle, jusqu'au jour où un esprit ordonnateur les rassemble, les complète, les vivifie et en fait une science.

II

Il serait oiseux de raconter ici comment, depuis Léonard de Vinci jusqu'à Kant et Winckelmann, les matériaux nécessaires à la création de l'esthétique se préparaient et se dégrossissaient. Le puissant traité de Hegel parut en 1835, et une branche nouvelle, destinée à une extraordinaire croissance, s'adjoignit ainsi aux sciences philosophiques.

Néanmoins, l'œuvre posthume de Hegel laissait beaucoup à désirer sur deux points. Les origines et l'analyse de l'idée du beau étaient négligées; les préoccupations du philosophe, en ce travail, se tournaient non du côté de l'âme considérée en elle-même, mais du côté des œuvres d'art qui traduisent dans une langue plastique ou sonore les images dont l'âme se nourrit. Tout était sacrifié à l'art, dont ce traité était la glorification et même l'apothéose. Par une singularité que nos contemporains ont peine à comprendre, Hegel n'avait pas fait à la nature une place proportionnée à l'importance que nous lui reconnaissons aujourd'hui. Il lui consacre quelques pages assez sèches, ou plutôt il nous explique pourquoi il n'a pas l'intention d'en parler. Comme tout cela est loin des réflexions si justes, si abondantes, si originales, que l'art lui suggère !

Comment ce puissant esprit, qui avait des yeux exercés pour regarder les belles statues et les belles peintures, semble-t-il aveugle ou peu clairvoyant en face des beautés de la nature? En ce point, comme en beaucoup d'autres, Hegel a sacrifié la vérité à la logique de son système. A ses yeux, il n'y a de vraiment beau que les œuvres de l'esprit, de l'idée consciente et libre. Or, le monde extérieur est l'ouvrage de l'idée encore inconsciente qui se développe fatalement ; en l'homme seul, l'idée prend conscience d'elle-même. Donc la nature doit céder le pas à l'art ; à celui-ci sera réservé le privilége d'enfanter la beauté libre, réelle, complète.

Évidemment, ceci ne répond guère aux dispositions d'esprit de nos contemporains, qui admirent plus encore les œuvres de la nature que celles de l'homme. Cependant tout n'est pas erroné dans la conception de Hegel. Sans doute, il avait tort de soutenir que la nature n'est pas l'œuvre d'une intelligence consciente d'elle-même ; mais il est vrai que dans la profusion des formes naturelles, tout n'est pas également beau, bien qu'à proprement parler, rien ne soit laid, si on considère les choses en elles-mêmes, dans leur être particulier et sans comparaison avec celles qui les entourent. A l'art il appartient de faire un triage dans cette multitude, d'y choisir les éléments qui méritent d'être retenus et de les combiner harmonieusement, en laissant de côté ce dont les procédés de comparaison ont montré l'infériorité relative. Les productions de l'art sont l'œuvre de l'esprit humain, servi par les sens, l'imagination, la sensibilité, l'étude et l'expérience, tandis que celles de la nature sont l'œuvre de la volonté divine, qui s'en remet pour l'exécution à l'activité des causes secondes. La nature a pour elle la réalité et la vie, l'originalité de l'inspiration et la grandeur du dessin ; mais la marche des lois physiques empêche qu'il se trouve d'ordinaire en ce qu'elle produit certains caractères distinctifs des œuvres d'art complètes : le poli, le fini, la sélection sévère des éléments utilisés, la disposition la mieux combinée en vue de l'effet esthétique. L'art connaît et pratique, selon le mot de Jouffroy, la beauté d'imitation et la beauté d'idéalisation ; la nature n'a que la beauté d'expression à son service.

Quoi qu'il en soit, Hegel négligea l'esthétique de la nature, et pourtant les matériaux, sans être encore très nombreux, ne lui manquaient pas. Un homme aussi curieux des écrits durables de la littérature française n'a pu ignorer ni Bernardin de Saint-Pierre, ni Buffon, ni Chateaubriand, ni les *Voyages dans les Alpes* de Saussure, qui avait fait connaître à l'Europe les magnificences qu'elle possédait. D'ailleurs, Alexandre de Humboldt avait publié en 1808 ses *Tableaux de la nature*. Humboldt n'était pas un écrivain de cabinet ; avant de peindre la nature, il avait pris la peine de la voir de près sous ses aspects les plus grandioses. Retranché sur le terrain de l'observation scientifique, ne sacrifiant jamais la vérité à l'imagination, il faisait cependant à la poésie une large part, parce que la poésie débordait du sujet même pour se répandre dans l'œuvre de l'écrivain. Encore tout pénétré des merveilles qu'il avait contemplées, il les dépeignait avec un sentiment profond et communicatif. Du vivant de Hegel, l'ouvrage eut deux éditions ; mais le siège du philosophe était fait.

Du moins, les esthètes hégéliens ne purent échapper à l'influence toujours croissante du grand voyageur sur la littérature allemande. Cette influence est bien visible sur Théodore Vischer, qui publia en 1847 le volume de son *Esthétique* où il traitait des beautés de la nature. Cette fois, la vérité prévalut et l'emporta sur l'esprit de système. On ne lutte pas indéfiniment contre une vérité certaine et contre le sentiment commun ; le fait met en déroute la logique de l'idée.

Il est difficile d'exagérer les mérites d'initiateur de Vischer dans une branche de la science qui n'avait pas encore été cultivée. La richesse et l'abondance des aperçus, la rigueur d'une méthode qui s'efforce de ne rien omettre et de tout analyser, la relation des êtres et des phénomènes naturels à l'esprit, strictement déduite des impressions qu'ils nous causent, tout cela constitue un ensemble de haute valeur et de grand mérite. Vischer, il est vrai, procède beaucoup par descriptions, et la description, en elle-même, conduit peu ou point à la connaissance du sujet par les causes, la seule qui soit digne du nom de science. Mais la description de Vischer affecte toujours un caractère analytique, qui ne laisse jamais prévaloir l'impression purement littéraire. Elle sert d'exemple pour confirmer la vérité des principes, ou encore c'est un document philosophique sur lequel le penseur peut travailler.

Les défauts du traité de Vischer sont d'autre nature. Le premier et le plus grave, c'est l'infiltration de la philosophie panthéiste de l'auteur en divers endroits de l'ouvrage; le second, auquel les lecteurs sérieux font peu d'attention, mais qui ne manque pas de choquer ceux qui ne regardent qu'à la surface des choses, c'est que, même en traitant des choses les plus poétiques qu'il y ait dans la nature, Vischer reste souvent lourd et coriace, embarrassé de formules abstruses et d'affirmations solennelles qui touchent parfois au grotesque. Pourquoi tant d'excursions dans le domaine de l'histoire ? Pourquoi nous apprendre qu'après la séparation des protestants d'avec l'Église Romaine, celle-ci enfanta une institution « fantastiquement mauvaise (*gespenstisch boese*) », c'est-à-dire l'ordre des Jésuites ? En quoi tout cela intéresse-t-il l'esthétique de la nature ? Et le *Juif-Errant* d'Eugène Sue, mentionné avec éloges, est-ce donc une beauté de la nature ?

Voilà des défauts graves, assurément, et ceci prouve qu'il ne faut faire usage du traité de Vischer qu'avec précaution et critique. Mais ce serait passer les bornes que de se laisser arrêter par ce phénomène, après tout assez commun, d'un philosophe qui a plus de science que de goût. L'écorce est souvent désagréable ; est-ce une raison pour négliger la moëlle qu'elle recouvre ? En France, si l'on excepte de belles pages de M. Charles Lévêque dans sa *Science du Beau*, autrement écrites, j'en conviens, que les théorèmes de Vischer, nous n'avons que quelques articles de revue et les ouvrages, riches de poésie et de style, dans lesquels Michelet a chanté avec des effusions lyriques la montagne, la mer, l'oiseau, l'insecte ; c'est beaucoup sans doute, mais c'est pourtant insuffisant ; cela manque de rigueur, de précision, de méthode. Quant à moi, je me suis fait un devoir d'écrire ce volume avant d'avoir lu Vischer, pour être certain de ne me mettre à la remorque de personne ; mais je me suis imposé la tâche de le dépouiller ensuite, afin de ne rien perdre des recherches originales d'un tel penseur.

III

Pour éclairer le sujet, il convient d'examiner d'abord les sentiments que nous éprouvons en présence du beau naturel, comme nous analyserions ceux qu'excite en nous la vue de la *Cène* de Léonard de Vinci ou de la *Madone de Saint-Sixte* de Raphaël. Est-ce de l'admiration tempérée et discrète ou de l'admiration enthousiaste, de l'admiration de surface et de convention ou de l'admiration profonde? Est-ce bien même de l'admiration ou simplement un sentiment de satisfaction paisible et délicate? L'imagination se tient-elle pour rassasiée, ou bien aspire-t-elle à quelque beauté plus parfaite? Se sent-elle supérieure à l'objet ou bien écrasée par lui? Éprouvons-nous en face d'un individu végétal ou animal un plaisir sans mélange ou quelque sentiment tumultueux, pénible même ? Ce qui provoque en nous des sentiments de nature si diverse, doit différer aussi ; car nos sentiments sont des effets, les objets qui les excitent en sont les causes au moins partielles, au moins éloignées ; tout effet devant ressembler à sa cause, il faut qu'il y ait entre eux quelque proportion. Sans aucun doute, chacun a sa manière personnelle de regarder la nature ; rien de plus simple, ni de plus légitime. Une mère qui a perdu son fils ne s'attendrit-elle pas plus facilement que tout autre devant la *Pieta* de Michel-Ange ? De même, nous introduisons dans notre manière de contempler la nature nos sentiments individuels et nos dispositions du moment. Mais enfin ceci n'a que peu ou point de rapport avec l'émotion esthétique proprement dite ; c'est celle-ci qu'il faut isoler et analyser afin de remonter à sa source première, l'objet extérieur.

En analysant donc les sentiments que les objets naturels excitent en nous, nous constatons que la triple division objective du beau se retrouve en eux de quelque manière. Comme l'art, la nature se présente à nos sens sous des aspects gracieux, beaux ou sublimes. La grâce, c'est-à-dire l'expression d'une beauté initiale, qui n'a pas atteint tout le développement possible, en qui prédomine la nuance de souplesse et de délicatesse, se rencontre fréquemment en elle. Un ruisseau qui serpente entre des buissons et des saules, une chaîne de collines ondoyantes, voilà des objets gracieux. Nous nous plaisons à les contempler, parce que nous voyons en eux le symbole d'une force qui se développe avec aisance et facilité. Tout en satisfaisant notre sens de la beauté, ils nous épargnent les émotions fortes ou les impressions austères, que tous les tempéraments ne sont pas aptes à porter. J'ai vu une enfant de douze ans, menée pour la première fois sur les bords de la mer sauvage, pleurer à chaudes larmes, en entendant le bruit des vagues qui déferlaient sur la rive solitaire avec un grondement d'orage. Le gracieux plaît sans effrayer; rarement il se heurte à des esprits rebelles.

Mais si un sentiment de grandeur imposante s'empare de l'esprit, c'est qu'alors il se trouve en face de la beauté proprement dite. Pas plus que le beau dans l'art, le beau dans la nature ne provoque nécessairement de la tristesse avec l'admiration; cette impression, qui d'ailleurs se produit réellement en certains cas, caractérise non le beau en général, mais certaine espèce de beau. Depuis longtemps, les poëtes ont remarqué « l'horreur sacrée » qui se dégage des voûtes obscures d'une épaisse forêt; mais la gravité attristée ne s'allie pas toujours au sentiment du beau. Ce sentiment résulte de la grandeur des masses, de l'élégance ou de la vigueur des formes, de l'ordre et de la proportion, de l'unité et de la variété des parties composantes, de la pureté des lignes, de la vivacité, de l'éclat et de l'harmonie des couleurs. Or, le sentiment, qu'éveille la contemplation d'objets naturels où brillent quelques-unes de ces qualités, est une jouissance intellectuelle qui rassérène l'esprit plutôt qu'elle ne l'attriste. C'est une jouissance désintéressée qui se contente d'une possession idéale, sans viser à la possession réelle ; et, en effet, puisque le beau s'adresse à l'intelligence, l'intelligence seule peut le saisir et pour ainsi dire l'appréhender. Quand, au milieu du silence d'une nuit d'été, nous sommes réveillés par le chant du rossignol, nous écoutons le concert du prestigieux musicien, nous suivons avec délices ses notes, éclatantes ou voilées, sans désirer le moins du monde tenir l'oiseau entre nos mains et l'enfermer dans une cage. Au contraire, pour les juges délicats, la joie de la liberté sauvage, qui résonne dans ces vocalises, ajoute un charme de plus à cette musique naturelle.

Quant au sublime, c'est, à proprement parler, un privilège de l'esprit ; c'est un trait rapide, un éclair qui jaillit de l'âme, dans lequel se condense une force plus qu'humaine. En un sens purement analogique on peut transporter cette qualification à des objets naturels. Néanmoins, cette translation est fondée, parce qu'il se rencontre tel paysage ou telle scène dont la vue éveille en nous un sentiment d'admiration écrasante et craintive, semblable à celui que produit le sublime. Le beau est nécessairement harmonique et mesuré; le sublime dans la nature, c'est le dernier effort du gigantesque ou du grandiose. Qu'on en juge par un exemple :

« Le soleil avait tout à coup disparu derrière un amas de nuages qui enveloppaient le sommet des Andes de leurs sombres tourbillons. Les flancs des montagnes et leurs mille cavernes rugissaient en vomissant des éclairs, tandis que le ciel, de son côté, lançait des torrents de flammes ; pendant trois heures, je ne vis autour de moi qu'une atmosphère embrasée, j'entendis sans interruption les détonations effrayantes de la foudre que répétait la voix profonde des échos. Celui qui assiste au bombardement et à l'incendie d'une place de guerre, n'a devant les yeux que la pâle imitation de cette lutte imposante des éléments. Enfin la tempête épuisée fit un dernier effort ; le tonnerre plus rapide devança la trombe d'air qui marchait ; celle-ci déchira, enleva ou renversa tout ce qui se trouvait sur son passage, elle pénétra dans la forêt et obligea les palmiers et les cèdres à se courber. Le ciel alors ouvrit ses cataractes et versa ses torrents sur les monts enflammés ; la terre n'était plus qu'un océan, l'air apaisé n'avait plus de souffle. Mais ce désordre dura peu : bientôt de tièdes vapeurs s'élevèrent du sol, l'horizon s'éclaircit et une agréable fraîcheur me rendit la vigueur nécessaire pour réagir contre de si terribles impressions » (Ernest Charton, *Quito*, Tour du Monde, t. XV, p. 411 et 412).

Tout le monde comprend que le voyageur parle de la « sublime horreur » de cette scène ; on s'étonnerait qu'il en vantât la beauté.

L'esthétique de la nature consistera donc à connaître et à préciser les causes qui excitent en nous tel ou tel sentiment d'admiration, à vérifier les origines, à contrôler les motifs de ces sentiments. Mais pour le faire avec profit et sécurité, il est nécessaire de remonter jusqu'à l'objet même, puisque le sentiment du beau est en définitive un rapport désintéressé du sujet avec l'objet. Visiblement, les sciences de la nature, l'astronomie, la zoologie et les autres, seront utiles pour le détail précis de cet examen des objets ; elles contribueront à éclairer l'esprit et compléteront ses idées. Mais, sous aucun prétexte, l'objet propre de ces sciences ne doit se substituer à celui de l'esthétique ; elles sont pour le philosophe des auxiliaires utiles, parfois nécessaires, mais c'est à la condition de ne pas évincer la philosophie pour se mettre à sa place. On parle beaucoup aujourd'hui de philosophie scientifique, et c'est une noble ambition, en effet, de spéculer sur les principes, les lois, les résultats des sciences ; elle a tenté de grands esprits comme Ampère, de savants mathématiciens comme M. de Freycinet. Mais on sait aussi qu'elle a égaré des philosophes qui ont confondu les lois générales des sciences physiques et naturelles avec les premiers principes ; c'est le cas de Herbert Spencer.

Il faut donc à la fois puiser largement à la source des sciences et se tenir en garde contre toute intrusion de la science elle-même. Vischer avait bien vu cette vérité ; il avait compris ce qu'il y avait à faire sur ce point et ce qu'il fallait éviter ; sans rien céder des droits de la pensée, il usa de ses connaissances scientifiques, qui étaient étendues et exactes. De nos jours, il n'y aurait peut-être pas grand mérite à faire mieux que lui, parce que la science a marché à pas de géant. Que pouvait-il savoir, par exemple, de la géographie physique ? Et cependant, depuis l'apparition de l'ouvrage capital de M. Edouard Suess (*Das Antlitz der Erde*, 1888), on a vu toute la lumière qu'elle projette sur la question des lignes du terrain et sur le caractère du paysage, sur la relation nécessaire entre la nature du sol et la végétation qui le recouvre, etc.

IV

Ne peut-on pas aller plus loin encore et se demander si notre admiration pour les objets naturels ne se justifie pas par des raisons plus profondes ? L'esprit se laisse-t-il prendre ainsi à des formes et à des couleurs ? Ne recherche-t-il donc rien au-delà ?

Il est vrai, jusqu'à présent nous n'avons dit qu'un mot de ce courant de sympathie intellectuelle qui s'établit de la nature à nous : l'expression. La nature tout entière, comme le pensait Jouffroy, est le symbole visible de la force invisible (*Cours d'Esthétique*, xviiie leçon), et c'est pourquoi elle est capable de plaire à notre intelligence; elle satisfait l'esprit, parce qu'il y voit la traduction sensible d'un élément intelligible qui s'adapte éminemment à sa capacité. Nous goûtons peu la beauté tout immatérielle, parce que notre âme, immergée dans la matière et nécessairement unie avec elle, saisit mal ce qui ne tombe pas sous les sens, ce qui n'entre pas en elle par ces portes toujours ouvertes sur le monde extérieur. D'autre part, la matière pure et simple, c'est-à-dire des atomes inertes ou des agrégats artificiels, ne remplirait pas les conditions exigées pour plaire à l'intelligence; elle s'adresserait exclusivement aux sens sans parler à l'esprit, et pourtant c'est l'esprit qui juge du beau. Il faut donc que la matière signifie quelque chose de plus qu'elle-même, il faut qu'elle représente la force; car ce n'est pas la matière qui est intelligible, c'est la force. A son degré inférieur, cette force n'est que l'attraction qui gouverne les astres, elle n'est que la cohésion et l'affinité chimiques, l'activité obscure que déploient les corps inorganiques par la liaison de leurs éléments, leurs combinaisons, la résistance aux chocs, l'impénétrabilité. Elle se manifeste déjà d'une manière plus relevée, plus accessible, à l'esprit, plus satisfaisante pour lui dans la composition et l'agencement symétriques du cristal.

Mais lorsque l'être est doué de vie, lorsque nous le voyons naître et grandir, transformer en sa propre substance les particules qu'il emprunte à des corps étrangers, se reproduire et se multiplier, surtout lorsqu'il se meut, lorsqu'il révèle par des signes indubitables la sensibilité et les passions dont il est animé, alors l'affinité de la force invisible se fait sentir plus vivement à notre esprit, elle s'impose à lui par la sympathie intellectuelle. L'intelligence lit à travers ces signes, comme elle comprend et s'assimile les idées exprimées par les caractères d'un livre, elle devine et s'approprie ce qui ne se voit pas, ce qui seul est vraiment digne d'elle, au moyen des signes qui frappent les sens. Les formes et les couleurs lui plaisent, moins toutefois par leur charme extérieur que comme expression d'une force dont elles sont le resplendissement visible; et plus ces formes, plus ces couleurs gagnent d'éclat, de finesse, de perfection, plus aussi la force se révèle fine, éclatante, parfaite.

Cette sympathie intellectuelle atteint son maximum d'intensité, lorsque l'esprit se manifeste à l'esprit, c'est-à-dire lorsque l'homme se montre à l'homme; c'est pourquoi le comble de l'art est d'exprimer vivement par la forme humaine l'esprit, la volonté, la sensibilité et les passions de l'homme. Ceci explique la nécessaire prédominance de l'élément humain dans l'art; les grands artistes ne s'y sont pas trompés, et au lieu de chercher l'inspiration dans la nature brute ou même dans les formes inférieures de la vie, c'est l'homme même, dans la perfection idéale du type ou dans la variété des individus, qu'ils ont voulu représenter de préférence; ils savaient qu'ils n'avaient pas de meilleur moyen de nous plaire et de nous émouvoir.

Voilà pourquoi les anciens sont au moins excusables de n'avoir prêté qu'une attention distraite aux beautés relatives de la nature; la beauté supérieure les absorbait, et ils mettaient en elle toute leur jouissance. Sans doute, il y a lieu de les compléter sur ce point; mais pour être fidèle à leur esprit et ne rien perdre de leur héritage, c'est par addition et non par suppression qu'il faut procéder. Ils ne se sont pas préoccupés suffisamment de la nature, soit; ils ne l'ont pas assez étudiée dans ses détails, c'est vrai; ajoutons donc à leur esthétique le vêtement magnifique qui lui manque, mais n'abandonnons rien de ce qu'ils nous ont légué. Ils ont vu juste, mais ils n'ont pas vu assez loin; efforçons-nous d'être plus compréhensifs dans notre admiration, sans rien mutiler toutefois, en laissant chaque chose à la place qui lui convient. Parler de la nature sans rien dire de celui qui est la couronne de la création, c'est, proprement, la décapiter.

Cette théorie, tout à fait réaliste puisqu'elle s'adapte à l'ordre même des faits, a l'avantage de fournir un cadre bien délimité à tout traité des beautés de la nature. Il faut réserver l'homme pour la fin, parler d'abord des phénomènes purement physiques comme la lumière, puis des corps sans forme définie, c'est à-dire de l'eau et des lignes du terrain, ensuite des corps à formes géométriques ou cristaux, enfin de la vie en général, de la flore et de la faune en particulier. Quant à l'homme, il mérite toute notre attention par sa valeur propre, sa beauté physique, intellectuelle et morale, le prix de ses actes libres. Il la mérite à d'autres points de vue encore, par l'action que la nature exerce sur lui et qui aboutit à la constitution des variétés de l'espèce humaine, par la réaction, les représailles que l'homme lui fait subir et qui l'enlaidissent ou la transfigurent. Enfin, il est tout à fait logique de se demander, sous forme de conclusion, si tant d'êtres si divers et si beaux ne peuvent rien nous apprendre sur la beauté de celui qui les a créés.

V

Avant d'essayer, cependant, de remplir le cadre que je viens de tracer, il faut bien dire quelques mots d'une question de méthode : la doctrine courante, acceptée jusqu'ici, sur les sens capables de nous faire discerner le beau, doit-elle être maintenue ou modifiée ?

Je crois qu'il faut simplement l'élargir, la compléter. L'ouïe et la vue sont évidemment les seuls qui nous permettent de jouir des sons, des formes et des couleurs. Le tact est ordinairement trop grossier pour que nous puissions connaître sûrement et rapidement par son intermédiaire la perfection des contours. Cependant ne serait-il pas imprudent et contraire à l'expérience de refuser indistinctement à tous une finesse de toucher telle que, dans une certaine mesure, elle supplée à la vue ? N'y a-t-il pas des aveugles qui se rendent compte des traits d'une personne, en lui passant doucement la main sur la figure ? D'autre part, il est certain que, par le contact, nous discernons le poli et la délicatesse de contexture d'un objet ; une feuille de rose, une joue fraîche et veloutée d'enfant, causent une sensation agréable au toucher, tandis que la main s'écarte naturellement d'un objet piquant ou rugueux. Il semble donc établi que le toucher participe en quelque manière à ce don de discernement du beau que tout le monde reconnaît à la vue. Enfin, il ne faut pas oublier que, par ce sens, nous jugeons de la température, et que le froid ou le chaud, le frais ou le tiède, influent sans aucun doute sur la nature de nos impressions. La sensation de froid, qui accompagne les premières brises d'automne, contribue à répandre pour nous sur les campagnes cette teinte de mélancolie que les tons jaunâtres des feuilles et l'assombrissement du ciel font naître, tandis que les chaudes haleines du printemps ouvrent les cœurs à la joie en dilatant la peau et en détendant les muscles. De même, l'air vif et léger des montagnes, qui gonfle la poitrine et précipite la circulation du sang, s'accorde parfaitement avec l'impression de l'altitude, comme l'air chaud et lourd des forêts avec les bouquets de feuilles qui nous cachent les rayons du soleil.

Est-il possible d'aller plus loin encore et d'attribuer aux sens chimiques, c'est-à-dire à ceux qui perçoivent les odeurs et les saveurs, une aptitude obscure à discerner le beau ? Est-il déraisonnable de penser que le parfum des fleurs complète admirablement ou relève la grâce de leurs formes et l'éclat de leurs couleurs ? Il me semble démontré par l'expérience que le lys et la rose nous paraîtraient moins beaux sans ce parfum qu'ils répandent ; en effet, leurs propriétés agréables seraient moins étendues, et, par suite, l'ensemble serait moins parfait. On compare volontiers des personnes belles, mais froides, à des camélias, fleurs bien découpées et richement colorées, malheureusement privées de tout parfum. Il paraît donc que l'esprit apprécie les senteurs fines et enivrantes, que dégagent certaines fleurs, comme un trait normal de leur développement, un complément naturel et tout à fait convenable de leur essence.

Qui ne voit d'ailleurs que si ces raisons justifient l'attribution à l'odorat d'une perception préparatoire à la jouissance du beau ou complémentaire de cette jouissance, elles ne plaident pas avec moins de force en faveur du goût? La saveur fraîche d'une banane, le jus acidulé de l'orange achèvent à leur manière l'impression que nous cause la vue des grappes énormes des bananiers ou du fruit d'or de l'oranger. L'aliment est chose utile et non belle; mais ici la nécessité positive de se nourrir disparaît sous cette largesse de la nature, qui, non contente de nous fournir l'indispensable, y ajoute par surcroît l'agréable. L'arome des fruits manifeste une propriété nouvelle et exquise de la plante.

Si l'on demande donc quels sont les sens qui discernent le beau dans les objets extérieurs, il faut répondre, semble-t-il, que l'homme tout entier est en jeu dans ce travail de la connaissance ; seulement, les sens supérieurs, l'ouïe et la vue, sont les instruments nécessaires et suffisants de ce discernement; les sens inférieurs ou bien suppléent, comme le toucher, à quelque défaut de la vue, ou bien comme les émanations parfumées des fleurs, nous disposent à jouir du beau, ou bien, comme la saveur des fruits, ajoutent un dernier trait à l'impression de cette jouissance (Cf. Maurice Griveau, *La part de chacun des cinq sens dans l'appréciation d'un beau site,* Annales de philosophie chrétienne, mars 1900).

CHAPITRE PREMIER

LA LUMIÈRE ET LA COULEUR

La vue, dans l'ordre des sensations, correspond à l'intelligence dans l'ordre de l'esprit. « Voir clair » est une locution qui s'applique aussi bien à l'acte d'intelligence, saisissant pleinement son objet, qu'à l'acte de vision par lequel les yeux connaissent les formes et les couleurs. Cette parenté analogique de la vision avec la perception intellectuelle fait ressortir toute l'importance et la dignité du sens de la vue. Sans s'en rendre toujours un compte exact, les hommes en apprécient à leur manière la supériorité et comprennent que nul autre ne les met aussi complètement, aussi rapidement en rapport avec le monde extérieur.

Or, pour voir et pour bien voir, les yeux ont besoin de lumière. Ce n'est pas assez que les organes soient sains, il faut que les objets soient éclairés, comme il est nécessaire pour la connaissance intellectuelle, que l'objet soit intelligible, susceptible d'être baigné et pénétré par la lumière de l'esprit. Ceci explique le rôle capital que la lumière joue dans la nature, et aussi son essence qui se rattache aussi peu que possible à la matière. Elle paraît être une ondulation vibratoire qui part du corps lumineux, se communique de proche en proche et vient impressionner l'œil qu'elle frappe ; d'après les physiciens, la lumière est « le son de l'éther ». Celle que le soleil nous envoie est composée de sept ondes, de longueur variée, qui produisent sur le nerf optique une impression de blancheur. Lorsqu'on sépare ces ondes au moyen d'un prisme ou d'un réseau de diffraction et qu'on reçoit sur un écran le rayon décomposé, chacune excite l'œil à sa manière et, suivant la mesure de sa longueur, se manifeste comme couleur rouge, orangée, jaune, verte, bleue, indigo ou violette. Ce qui cause la sensation de ces couleurs, c'est donc le rapport des longueurs d'onde avec les nerfs oculaires. La lumière du soleil est une lumière synthétique extrêmement riche, douée d'un éclat éblouissant et d'une teinte dorée, peu sensible, il est vrai, dans les pays septentrionaux ; mais, dans les contrées méridionales, les objets semblent plongés dans un bain d'or fluide. Cette lumière ardente jette un voile de beauté sur le paysage et spécialement sur les rochers dont les formes pittoresques se découpent nettement sur le ciel. Sous cette irradiation, les teintes grises s'éclairent, les teintes claires brillent, et les surfaces polies, telles que la mer tranquille, resplendissent à tel point que l'œil ne peut fixer l'image que le soleil trace de lui-même.

Seule, d'ailleurs, la pleine lumière serait trop crue, trop uniforme ; mais l'ombre en est inséparable et lui sert de cadre naturel. Plus la lumière est intense, plus nette est l'ombre que les objets éclairés projettent. Lorsque le ciel est couvert de nuages, la distribution des rayons lumineux se fait d'une manière plus égale, et les ombres se dessinent moins durement. La lumière apporte donc avec elle un correctif qui est toujours en fonction de sa vivacité. Ces alternatives avec la multitude de leurs degrés, la variété sans nombre de leurs détails, fourniraient aux yeux des éléments suffisants de contraste, pour que les objets naturels, même dépouillés de leurs teintes, nous parussent beaux encore, à condition toutefois que l'homme fût né sans le sens des couleurs ; car, dès qu'il en a goûté la magie, la nature, réduite au blanc et au noir, n'aurait plus d'attrait pour lui ; elle serait comme un tableau du Titien reproduit par la gravure.

« Lorsqu'on brûle un peu de carbonate de soude dans la flamme d'un bec de Bunsen, il donne une lumière pure et homogène dont la teinte est jaune orangé. Cette lumière est bien assez brillante pour éclairer les objets qui se trouvent dans une chambre complètement obscure, mais elle efface toutes les différences de couleur et ne laisse subsister que la lumière et l'ombre. Une rose rouge ne paraît pas plus colorée que ses feuilles; des bandes de papier peintes de couleurs voyantes paraissent seulement noires, blanches ou grises; il est impossible même d'en deviner les couleurs. Le visage de l'homme, privé de sa couleur naturelle, prend une apparence repoussante, et l'œil se porte sur les plus légers défauts que présente la surface de la peau. Si l'on met ensuite, à côté de la flamme sodique, une lampe à gaz ordinaire et qu'on en tienne d'abord la flamme assez bas, les objets reprendront une faible partie de leurs teintes naturelles et commenceront à se revêtir de quelques nuances agréables; celles-ci s'accroîtront peu à peu avec la lumière, jusqu'à ce qu'elles redeviennent d'une beauté radieuse. Ceux qui n'ont jamais assisté à une expérience de ce genre, ne se doutent pas de ce qu'ils perdraient en perdant le sens de la couleur; ils ne savent pas combien le monde paraîtrait affreux sans le charme séducteur que les couleurs prêtent à tous les objets » (Rood, *Théorie scientifique des couleurs*, p. 82 et 83).

Ainsi déjà, par le contraste qui naît de leur opposition, la lumière et l'ombre sont des éléments de beauté ; la lumière, élément positif, est bornée, il est vrai, mais aussi mise, pour ainsi dire, en plein relief par l'ombre, élément négatif. Si elles se compénètrent par réflexion ou diffraction, elles donnent naissance au clair obscur, célèbre dans les arts du dessin par l'usage qu'en ont su faire les grands peintres et surtout Rembrandt. Longtemps avant qu'on essayât de fixer par la gravure ou le pinceau ces effets de lumière à demi éteinte ou d'ombre lumineuse, la nature les produisait chaque jour avec une diversité et une délicatesse de nuances que l'art imite de très loin. Lorsque les premiers rayons du soleil rougissent dans les Alpes la pointe des glaciers, on observe ce phénomène dans les anfractuosités et les gorges profondes de la montagne. Dans les forêts épaisses, au fond des taillis, se laisse souvent entrevoir ce mélange de lumière et d'ombre, qui n'est plus le jour sans être encore la nuit et qui exerce sur l'imagination une sorte d'attrait mystérieux. En effet, sous les arbres des forêts ou dans les gorges des montagnes, au crépuscule et à l'aurore, le clair obscur n'effraie pas, il charme parce qu'il est à sa place ou qu'il vient à son heure. Au contraire, lorsqu'à l'approche d'un orage, le ciel entier se cache sous des nuages noirs, le clair obscur prend un aspect menaçant, parce qu'il altère hors de saison la lumière radieuse du jour ; il y a là un effet inattendu, pénible, impressionnant comme le changement d'un visage d'homme qui pâlit dans la colère.

Non seulement les rayons solaires sont lumineux, ils sont chauds aussi, avec la chaleur et par elle ils nous apportent la fécondité et la vie. Par suite, l'idée de force vitale se combine dans notre esprit avec celle de jour et de lumière, tandis que la pensée de la mort accompagne le souvenir des ombres froides de la nuit. Cette noirceur qui éteint la variété et la joie des couleurs, qui noie dans une même indécision tous les contours des choses, éveille naturellement des idées funèbres, et l'ombre, quand elle n'est pas tempérée par la lumière, devient un symbole de deuil. La nuit complète prédispose aux sentiments de frayeur et d'angoisse, et c'est en effet l'impression qu'elle cause aux enfants ; ils redoutent instinctivement de s'enfoncer dans les ténèbres d'un appartement obscur, comme si quelque piège menaçant y était caché.

Ce qui dissimule d'ordinaire cette impres-pression, c'est la clarté diffuse que versent les étoiles et le spectacle merveilleux du ciel nocturne. Ces étoiles forment par leurs groupements des dessins vagues qui, de toute antiquité, ont frappé l'esprit des pasteurs nomades qui gardaient leurs troupeaux sous le ciel limpide de l'Orient : la grande Ourse, Orion, les douze constellations du Zodiaque, etc. La Voie Lactée, surtout, par ses amas de « poudre stellaire » (Humboldt) qui blanchissent le firmament, par son étendue, sa largeur, ses bifurcations, la variété de son éclat, est la plus belle chose que la nuit présente à nos yeux ; rien n'aide mieux à concevoir l'immensité du Cosmos.

Les étoiles étincellent tantôt comme des

diamants, tantôt sont rouges comme des rubis, vertes comme des émeraudes, bleues comme des saphirs ; tantôt elles modifient leurs couleurs et lancent des rayons changeants. La lune n'égaie pas la nuit de ces jeux de lumière ; ses rayons pâlis, sans vivacité, sans chaleur, donnent même à des paysages d'hiver, à des bois dépouillés ou à des campagnes ensevelies sous la neige, un aspect spectral qui fait quelquefois frissonner. Tour à tour, suivant les jours de ses phases, elle semble « une faucille d'or dans le champ des étoiles », un disque échancré dont le bord intérieur flotte indécis entre l'ombre et la lumière, enfin une sphère blanche ou jaune pâle semée de taches aux contours bizarres. Jamais elle ne perd ce caractère tempéré, cet éclat adouci qui ne permet pas de confondre la plus brillante des nuits avec le plus terne des jours.

Pour ceux qui préfèrent les teintes voilées et un peu grises aux couleurs éclatantes, l'aurore et le crépuscule sont les plus beaux moments de la journée. L'aurore a le charme et la fraîcheur de la jeunesse, les promesses de la lumière et de la vie ; le crépuscule invite et dispose l'homme au recueillement, parce qu'il fait taire les bruits du jour ; le cri aigre de la lutte pour la vie cesse de troubler le repos de la nature ; rien n'est plus majestueux, ni plus suave que le calme profond dont elle s'enveloppe, à mesure que les ombres du soir s'étendent sur les campagnes.

On sait que la chaleur augmente dans les bandes du spectre solaire, à mesure que l'on avance vers le rouge, et qu'elle diminue lorsqu'on recule vers le violet. Or, dans la région chaude, se rencontrent précisément les couleurs vives : rouge, orangé, jaune, et dans la région tempérée, les couleurs douces : bleu, indigo, violet ; le vert « est la teinte médiane dans le spectre, elle forme la transition de sa moitié froide à sa moitié chaude : d'où mélange et tempérament de deux groupes opposés, contrastants, fusion des tons extrêmes ; effet mixte, plutôt reposant » (Maurice Griveau). Les couleurs vives, les teintes *chaudes*, comme on les appelle, se trouvent donc dans les bandes calorifiques du spectre, les couleurs froides dans celles où la chaleur décroît rapidement ; il y a là sans doute une coïncidence, un rapport naturel qu'il est intéressant de constater.

Or, les couleurs froides sont très communes dans la nature, et cependant, loin de l'attrister, elles l'égaient plutôt et la parent. Ainsi, le bleu cyané du ciel et le vert glauque de la mer produisent des effets admirables, parce qu'ils sont mélangés de lumière blanche et qu'ils n'ont rien de la banalité d'une tache également colorée ; les dégradations, les ombres, les nuances, suffisent largement à corriger l'impression que ces couleurs produisent ; elles changent sans cesse avec le mouvement apparent du soleil, avec le perpétuel balancement des vagues, qui fait de chaque pli des flots un miroir brillant au soleil. La transparence de l'air leur prête un charme nouveau, et quand on regarde de loin les flancs d'une chaîne de montagnes, on y voit suspendues des teintes bleues ou violettes d'une délicatesse tout aérienne.

« Du bleu et encore du bleu rayonnant, jusqu'au bout, jusqu'au fond ; l'horizon manque. — Par contraste, la longue bande de roche du Lazaret, le château d'If, sont d'une blancheur délicieuse — blanc et bleu, c'est la couleur des vierges. Comment faire comprendre une couleur? Comment, avec des mots, montrer que ce blanc, ce bleu sont divins par eux-mêmes? Rien autre chose dans tout le paysage. La nature se réduit à cela, une coupe de marbre blanc et de l'azur dedans » (Taine, *Carnets de voyage*, Marseille, p. 114 et 115).

D'ailleurs, les couleurs chaudes ne sont pas rares, et la nature en use largement sans les prodiguer ; on dirait qu'elle préfère aux effets éclatants les impressions douces et reposantes. Au coucher du soleil, une pourpre lumineuse intense embrase l'occident ; des lignes jaune orange et jaune d'or se dessinent vivement sur le ciel ; il semble qu'avant de disparaître derrière l'horizon, le dieu du jour se livre à mille jeux de lumière. Quand ses rayons se réfléchissent sur un paysage qui s'y prête, telles que les montagnes de la Grèce ou les îles de l'Archipel, le spectacle devient féerique.

« Le mont Korakari dressait sa masse claire, tail-

ladée, pareille à une immense améthyste. Puis une
fuite d'insaisissables nuances passa, en de rapides
métamorphoses, sur le flanc de la montagne. Les
tons les plus délicats de la mauve et de la jacinthe
rendraient mal la douceur de cette apparition, indi-
quée sur le ciel ardent comme par une main très
légère. Pendant un instant presque imperceptible,
elle fut toute rose ; puis elle rayonna, vermeille d'incarnat, puis elle pâlit, comme les fleurs de jasmin
d'Arabie » (Gaston Deschamps, *L'Ile de Chio*, Revue
des Deux Mondes, 15 décembre 1892, p. 856).

Quand les rayons du soleil traversent les
gouttes de pluie qui tombent des nuages, ils
se décomposent et peignent sur le fond gris
ou sombre une ou deux écharpes lumineuses :
l'une intérieure, dont les couleurs sont vives,
l'autre extérieure, plus pâle et dans laquelle
l'ordre des couleurs est renversé. La beauté de
l'arc en ciel résulte de la disposition symétrique, de la variété, de la délicatesse des teintes,
de la manière dont elles s'enlèvent sur l'écran
obscur des nuages, enfin de la courbe gracieuse
qu'elles décrivent.

Depuis longtemps, des peintres habiles
avaient découvert pratiquement dans leurs

tableaux le secret de l'harmonie des couleurs ; mais la raison de cette harmonie était encore ignorée, et c'est l'optique expérimentale qui a résolu le problème. Toutes les fois que deux rayons diversement colorés produisent en se mêlant l'impression du blanc pur, ces couleurs sont dites complémentaires, et leur rapprochement plaît aux yeux. Ainsi, l'on savait que le rouge et le vert s'harmonisent, et Paul Véronèse fait bien voir, par la manière dont il en use en peinture, que cette convenance mutuelle l'avait frappé ; mais depuis qu'on a constaté sur un disque de Maxwell, animé d'un mouvement de rotation rapide, que ces deux couleurs, en se fondant l'une dans l'autre, donnent du blanc, on a connu le secret de cette harmonie. Ce secret est dans l'accord virtuel, dans la synthèse possible, totale et active de ces couleurs : possible, puisqu'elles n'attendaient pour se compénétrer que l'illusion du mouvement ; totale, puisque le résultat de leur fusion est le blanc pur ; active, puisqu'il y a non pas neutralisation des couleurs primitives, mais production d'une couleur nouvelle. L'orangé et le bleu cyané, le jaune et le bleu, le jaune vert et le violet, le vert et le pourpre, sont des couleurs complémentaires. Mais il n'est pas nécessaire que l'harmonie soit toujours parfaite, que les teintes soient toujours pures, comme s'il s'agissait de répéter l'expérience du disque de Maxwell ; ici comme ailleurs, la nature se contente d'approximations. Les effets qu'elle obtient de la sorte sont originaux et variés ; ainsi, régulièrement, les arbres verts sur le ciel bleu ne devraient pas offrir un spectacle agréable à la vue, car le vert et le bleu sont des couleurs froides, par suite non complémentaires, puisque le phénomène du complément ne se produit qu'entre couleur chaude et couleur froide. Mais lorsque les arbres sont éclairés par la lumière du soleil, leurs feuilles prennent une teinte jaunâtre assez prononcée pour que le contraste du jaune et du bleu, couleurs complémentaires, satisfasse la vue.

Il est difficile de passer sous silence la question du symbolisme des couleurs; mais il ne faut pas se flatter de la résoudre complètement. L'habitude, les traditions et les usages nationaux, les dispositions physiologiques et psychologiques, influent trop profondément sur le sens que nous attachons aux couleurs, ce sens est, par conséquent, chose trop subjective pour qu'on puisse aboutir à une solution certaine. Ainsi, le blanc, couleur synthétique, claire, gaie, nous semble exprimer parfaitement la joie; mais cela n'a pas empêché les Chinois d'en faire le signe du deuil. Ces jugements antithétiques doivent rendre les symbolistes prudents et les détourner de tout excès d'interprétation.

Voici ce qui me paraît le plus vraisemblable sur ce point. D'abord, il faut distinguer entre les nuances d'une même couleur, parce que, selon qu'elle est plus ou moins foncée, cette couleur est susceptible de recevoir des significations diverses. Ainsi, le vert clair est un symbole d'espérance, tandis que le vert foncé, à cause de la quantité de noir qui s'y mêle, est une couleur triste, inquiétante, lugubre même, et dont les peintres se servent volontiers pour représenter les apparitions diaboliques. D'après Goethe, « le bleu éveille en nous un sentiment de froid, comme il nous rappelle aussi l'ombre »; et ceci est très exact, si on l'entend du bleu foncé ; mais le bleu céleste est une nuance agréable et douce, à cause de la quantité de lumière blanche qui s'y mêle.

Ensuite, le symbolisme des couleurs se rattache à des associations d'idées, dont il n'est pas toujours facile de débrouiller l'enchevêtrement. Le vert clair exprime l'espérance, parce qu'il est la livrée de la nature au printemps ; le bleu clair est le symbole de la fidélité, parce que telle est la couleur apparente du ciel et qu'elle reparaît toujours persistante après le brouillard ou l'orage. Le rouge est la plus chaude et la plus éclatante des couleurs; il était donc naturel qu'il devînt le symbole de l'amour, la plus ardente des passions, celle qui se compare au feu et à la flamme. De plus, c'est la couleur du sang, et l'on teignait de pourpre le manteau des Imperators, parce que la gloire militaire ne s'achète qu'au prix du sang ; c'est même ce qui en fait la valeur singulière, on préfère instinctivement les hommes qui savent mourir aux intellectuels et aux bavards. Ce souvenir du sang versé pour une grande cause est aussi la raison de l'emploi que l'Église fait des ornements rouges pour célébrer la fête des martyrs. Le jaune d'or est le symbole de la sérénité, parce que sa teinte nous rappelle les rayons du soleil dans les beaux jours de l'été. Le violet, couleur très froide, triste et peu voyante lorsqu'elle n'est pas mêlée de rouge, a été adopté comme symbole de la pénitence.

Après la lumière du soleil et des étoiles, il y a dans la nature des lueurs accidentelles et momentanées, auxquelles il nous faut maintenant prêter attention. L'électricité et le magnétisme sont les foyers qui les produisent ; les nuages sont les machines où s'élabore l'électricité à haute tension, la terre l'aimant colossal aux pôles duquel brillent les aurores magnétiques.

Quand l'orage est internébulaire, l'éclair dessine sur le ciel un zigzag de feu ou s'étale en nappe lumineuse ; s'il y a décharge entre le ciel et la terre, il tombe comme une flèche de flamme ; parfois il descend sous la forme d'un globe igné. Dans le premier cas, un roulement plus ou moins fort répond à l'éclair ; dans le second, un craquement sec ou une détonation fulminante accompagne l'éblouissement du coup de foudre ; dans le troisième, le globe de feu fait explosion. Cette lueur subite, qui paraît et disparaît presque instantanément dans un bruit souvent formidable, a quelque chose en soi de sinistre et de troublant, surtout au milieu des ténèbres d'une nuit d'orage ; elle ébranle le système nerveux, déjà surexcité par le fluide répandu dans l'air. C'est un phénomène anormal, qui éveille l'idée d'une convulsion de la nature. Ce flamboiement brusque, tantôt blanc ou rouge, tantôt bleu ou violacé, l'agitation sonore de l'air qui vibre sous le frémissement de l'énorme étincelle, la pluie qui tombe à flots pressés ou la grêle qui crépite, tout prédispose l'âme à un sentiment de frayeur ou de crainte religieuse. Voilà pourquoi tant de personnes, même parmi celles qui prient peu ou point, se sentent portées à la prière pendant l'orage. Néanmoins, beaucoup d'esprits sont surtout frappés de ce déploiement grandiose des forces physiques et considèrent l'orage comme un grand et dramatique spectacle que la nature leur offre.

Dans les pays du froid, au delà du cercle arctique ou du cercle antarctique, l'électricité s'écoule, sans décharge et sans bruit, avec un magnifique appareil lumineux. Dans les nuits d'hiver, un arc jaune pâle, strié de noir, se dessine sur le ciel ; il émet des rayons de longueur variée, qui paraissent converger vers le même point. Un mouvement ondulatoire se manifeste dans l'arc, à mesure qu'il monte vers le zénith. Si l'une de ses extrémités abandonne l'horizon, il se plisse, se contourne, se divise en plusieurs tronçons et forme des courbes gracieuses qui se replient sur elles-mêmes. Il darde rapidement ses rayons, dont l'éclat varie sans cesse et atteint celui des étoiles de première grandeur ; les courbes se roulent et se déroulent comme des serpents. Puis les rayons se colorent ; la base est rouge, le milieu vert ; le reste conserve sa teinte jaune clair. Enfin l'éclat diminue, les couleurs disparaissent, tout s'affaiblit peu à peu ou s'éteint subitement. Ces radieuses fantaisies de la lumière magnétique égaient singulièrement la sombre nuit des pôles.

L'aurore polaire n'est pas toujours, d'ailleurs, conforme à ce modèle classique. A certaines heures elle déploie des splendeurs nouvelles et plus rares :

« Au moment où nous sommes sur le point de nous coucher, Jagor entre dans notre chambre en nous annonçant qu'une aurore boréale commence à paraître dans la direction de l'ouest. Cette nouvelle chasse le sommeil ; nous grimpons en toute hâte sur le toit du bâtiment le plus élevé du fort pour contempler le splendide phénomène. Ce n'est pas l'arc si souvent décrit, mais un serpent de lumière, souple, ondoyant, variant sans cesse de forme et de couleur : tantôt il a la teinte douce et pâle des rayons de la lune ; tantôt de longues bandes bleues, roses, violettes, se roulent sur ce fond argenté; les scintillations vont de bas en haut et mêlent leur clarté à celle des étoiles brillantes qu'on aperçoit à travers la vaporeuse spirale. La nuit est calme et merveilleusement belle ; le froid, bien qu'assez vif, nous permet cependant d'admirer à l'aise le spectacle magnifique dont nos yeux ne peuvent se détacher » (Whymper, *Voyage et aventures dans la Colombie anglaise, l'île Vancouver et l'Alaska*, Tour du Monde, t. XX, p. 247).

CHAPITRE II

L'AIR ET L'EAU

La transparence de l'air ne saurait se comparer à la limpidité de l'eau ; cette limpidité a beau être parfaite, elle n'en reste pas moins la qualité d'un élément liquide, elle n'est pas indéfinie, et à mesure que les couches d'eau se multiplient, le fond s'efface graduellement et devient invisible. Au contraire, la transparence de l'air est la qualité d'un élément gazeux, presque incolore, et pour que cet élément devienne perceptible à la vue, il faut que le regard se fixe sur des couches profondes ; alors, et alors seulement il est possible d'en noter la couleur. Ainsi, sur le fond noir du ciel, l'atmosphère paraît bleu clair ; à certaines heures du jour, elle revêt les montagnes lointaines d'une fine robe bleue ou violette, et en réfractant les rayons du soleil, elle produit ces teintes dont s'empourpre ou se dore le ciel au couchant.

Néanmoins, en tous ces phénomènes, l'action propre de l'air est si intimement mêlée à celle de la lumière qu'il n'est pas facile de les distinguer et de les étudier à part. Mais qu'à la suite d'une pluie ou d'un orage, l'équilibre de l'atmosphère soit rompu dans un lieu quelconque, un appel d'air se produit aussitôt, des colonnes se pressent pour combler les vides, et des phénomènes nouveaux se réalisent, dont les effets esthétiques sont le mouvement et la sonorité.

Le vent est le facteur principal des mouvements mécaniques dans la nature, autour de nous, et certes ces mouvements aveugles sont bien inférieurs, en vertu du principe qui leur donne naissance, au point de vue de la grâce et de la variété de leurs effets, aux mouvements spontanés des animaux et surtout aux mouvements libres de l'homme. Mais enfin, même purement mécanique, ce mouvement est une première et grossière ébauche du mouvement vital; il plaît plus que l'immobilité, parce qu'il donne l'illusion de la vie et qu'il soustrait en partie la nature inorganique au joug de la rigidité. Quoi de plus triste et de plus désolé que les déserts sablonneux de l'Afrique et de l'Asie centrale ? Néanmoins, des voyageurs ont noté le coup d'œil pittoresque qu'offrent les trombes de sable soulevées par les tourbillons de vent. C'est le vent aussi qui soulève les vagues de la mer, qui agite les feuilles et les branches des arbres ; c'est lui enfin qui introduit une note nouvelle dans la beauté de la nature par les vibrations sonores qu'il produit.

Les bruits du vent sont si variés d'intensité qu'on y retrouve le frémissement à peine perceptible de l'air, le sifflement aigu et le cri aigre de la bise, le grondement du vent d'ouest, les mugissements de la tempête et ses mille voix qui semblent s'unir en une immense clameur. Souvent, ces bruits imitent l'effet d'un *crescendo* musical; le son débute par un sifflement léger qui s'enfle peu à peu et atteint parfois une telle puissance qu'il couvre tout de son fracas; on sait à quel point, au milieu d'un ouragan, il devient difficile de distinguer les coups du canon d'alarme.

L'expression de cette sonorité, son timbre, change suivant les objets que l'air agité rencontre; il siffle en s'engouffrant dans une vallée, il gémit dans les longs corridors mal clos, il produit, en remuant la cime d'une forêt de pins, un bruit comparable à celui des vagues de la mer. Il n'y aurait guère d'exagération à soutenir que tout arbre élevé et touffu résonne d'une manière spéciale au souffle du vent, selon la longueur et la flexibilité de ses branches, la forme et la largeur de ses feuilles, bien qu'il soit souvent difficile de noter certaines différences peu accentuées; mais si nous avons soin de choisir des types végétaux bien distincts, tels que le cèdre et l'érable, la diversité de résonnance se constate aisément. D'ailleurs, l'agitation des panaches verts plaît aux yeux ; le balancement des tiges, le tremblement des rameaux et des feuilles, sont des mouvements gracieux qui donnent aux plantes un peu du charme de la mobilité. Ce mouvement devient majestueux, il attache, il passionne presque, lorsque le vent souffle en tourbillon et qu'une lutte herculéenne s'engage entre le tronc énorme et l'ouragan ; les feuilles arrachées volent en l'air, les rameaux se tordent, des branches craquent et se rompent ; mais le colosse résiste toujours ; c'est une image de la force puissante et calme au milieu d'un assaut furieux. On voit tout ce qu'au point de vue esthétique la nature perdrait, si elle était privée de ces grands courants d'air ; c'est une base d'orchestre dont elle dispose.

L'eau aussi a le mouvement et le bruit, moins capricieux, plus habituels, plus durables que le mouvement et le bruit du vent.

Elle est moins mobile que l'air, mais l'est infiniment plus que les corps solides ; elle est moins transparente aussi, ou plutôt, à titre d'élément liquide, elle remplace la transparence par la limpidité. Rien de plus agréable à voir que ces eaux cristallines à travers lesquelles s'aperçoivent les cailloux ou le sable des fonds, les herbes et les petits animaux aquatiques. L'eau n'a pas de forme particulière, à cause de la mobilité, du peu d'adhérence de ses molécules qui roulent sans cesse les unes sur les autres; elle prend toujours la forme du récipient qui la contient. En revanche, elle introduit dans l'ensemble du paysage un nouvel élément de variété, de couleur, de tonalité, de mouvement, si important qu'on peut soutenir que tout tableau naturel où elle n'a point sa place est par le fait même incomplet. Une haute muraille de granit ou de craie satisfait peu l'esprit; mais si elle tombe à pic dans la mer, elle devient une falaise, et tout le monde admire le contraste entre la roche immobile et les flots qui la battent sans relâche ; tous aiment à suivre des yeux l'assaut que les vagues livrent à la terre ferme. Sans nul doute les rochers de la baie de Naples ont des formes élégantes ; mais ils fixeraient beaucoup moins l'attention sans l'arc que dessinent sur le sable fin les flots bleus de la mer.

Nulle part peut-être ce fait n'est plus frappant que sur les côtes de la Norvège. Ses rivages sont découpés de profondes incisions taillées dans les roches dures du terrain archéen, en relation évidente avec les dislocations de la côte. Ces cassures sinueuses, aux parois escarpées, ne seraient que des failles énormes, si l'océan ne s'y enfonçait et ne pénétrait profondément dans les terres, donnant ainsi vingt sept mille kilomètres de rivage à un pays qui n'en aurait pas compté plus de quatre mille cinq cents. Ces déchirures empruntent à la mer qui y circule une beauté sévère, en parfaite harmonie avec la nature du sol et la rigueur du climat. Un trois-mâts, qui navigue dans ces vallées marines, apparaît comme un point noir à qui le regarde du haut de la falaise immense ; les parois qui l'enserrent et le surplombent ressemblent aux mâchoires d'un monstre colossal, prêtes à se refermer sur lui.

L'eau est belle surtout comme élément du paysage. Mais à elle seule, dans certaines conditions d'éclairage, elle est susceptible de beauté. L'océan à perte de vue donne une impression vive d'immensité ; on se sent bien petit, bien isolé entre le ciel et l'eau. La mer de l'Archipel grec est toute pénétrée de lumière.

« L'eau bleue... s'étale et chatoie, avec des plis lustrés et des cassures de satin ; elle est gaufrée de vieil or par le reflet des promontoires, moirée de vert par les caprices de la lumière, brodée d'argent par les fantaisies de l'écume. Le soir, quand le vent tombe, elle a des teintes d'une douceur et d'une tendresse infinie, un bleu voilé et comme amorti, qui caresse la vue et la repose » (Gaston Deschamps, *loc. cit.* p. 856).

Rien de moins uniforme que l'aspect de la mer ; tantôt polie comme un miroir, tantôt soulevée par les vents et blanche d'écume, tantôt bleue comme le ciel, tantôt d'un vert glauque, elle change continuellement de couleur et d'allure. La nuit, des lueurs phosphorescentes s'allument dans les mers tropicales.

« Lorsqu'un vaisseau de ligne, poussé par un vent frais, fend la vague écumante, le voyageur ne peut se rassasier du spectacle que présente le choc des flots. Chaque fois que le flanc nu du navire s'élève hors de l'eau, des flammes rouges ou bleues jaillissent de la quille comme des éclairs. On ne saurait retracer l'admirable aspect qu'offrent les mers des tropiques, lorsque des troupes de dauphins s'y ébattent par une nuit obscure. Partout où rangés en longues files, ces cétacés brisent dans leurs évolutions l'écume des flots, leur passage est marqué par des étincelles et par une lumière intense. J'ai joui de ce coup d'œil pendant des heures entières dans le golfe de Cariaco, entre Cumana et la presqu'île de Maniquarez » (De Humboldt, *Tableaux de la nature*, traduct. Galuski, p. 405 et 406).

Ainsi ce n'est pas l'eau toute seule qui influe sur le caractère du paysage, c'est aussi et surtout l'état de l'eau. Une mer intérieure, sans marées notables, assez étroite pour que d'un rivage à l'autre les conditions climatériques soient peu différentes, forme antithèse avec l'océan sans limites qui s'étend d'un pôle à l'autre, tantôt attiédi par les rayons du soleil équatorial, tantôt glacé par l'hiver et la nuit de six mois. Le phénomène des marées et celui des courants lui donnent spécialement une physionomie originale. Ce va et vient des flots, ces grèves de sable et ces prairies d'herbes marines, qui se découvrent tour à tour et se replongent sous les vagues, cette vaste circulation d'eaux chaudes et d'eaux froides qui rappelle la circulation du sang dans le corps des vertébrés, l'agitation qui en résulte et qui se communique à toute la masse, tout cela donne à l'océan l'apparence d'une vie puissante. Le caractère des peuples qui habitent ces rivages si divers ne pouvait manquer de s'en ressentir.

« La Méditerranée placée au centre des pays civilisés, semée d'îles riantes, baignant des côtes plantées de myrtes, de palmiers et d'oliviers, donne sur le champ l'idée de cette mer où naquirent Apollon, les Néréides et Vénus ; tandis que l'Océan livré aux tempêtes, environné de terres inconnues, devait être le berceau des fantômes de la Scandinavie ou le domaine de ces peuples chrétiens qui se font une idée si imposante de la grandeur et de la toute-puissance de Dieu » (Châteaubriand, *Itinéraire de Paris à Jérusalem*, 1re partie, Voyage de la Grèce).

Le mouvement et le bruit, tels sont les traits nouveaux que l'eau introduit d'une manière durable dans la nature. Il n'y a pas de nappe entièrement immobile, puisque le plus stagnant des marécages est sensible au *moindre vent qui, d'aventure, fait rider la face de l'eau.* Mais pour qu'elle acquière l'intensité de mouvement habituel dont elle est susceptible, il faut que la pente du terrain l'oblige à une descente rapide ou que les phénomènes des marées et des courants l'ébranlent sur de larges espaces. Et c'est le mouvement même qui engendre ces bruits des eaux, dont tous les peuples, doués de sens poétique, ont été frappés. Ce bruit parcourt, si j'ose dire, une gamme qui va du murmure d'un ruisseau jusqu'au fracas des vagues soulevées par la tempête. Le bruissement léger de l'eau qui court sur son lit de cailloux éveille plutôt en l'homme des sentiments agréables et gais; c'est une sorte de musique naturelle, monotone, il est vrai, mais douce. Tout au plus, par sa monotonie même et la solitude du lieu, inclinerait-elle parfois le spectateur à quelques impressions mélancoliques fugitives. Au contraire, la voix sonore des vagues provoque par elle-même l'admiration ; ce grondement majestueux, que coupe un bruit d'écroulement quand la lame s'abat sur la plage, cette blanche nappe d'écume qui monte rapidement à l'assaut du rivage, ces flots qui se suivent et qui semblent, selon l'expression du prophète, les mains de l'abîme levées vers le ciel (*Altitudo manus suas levavit.* Hab. iii, 10), tout cela excite une impression admirative, profonde et durable, mélangée de tristesse ; car il y a dans la contemplation de ces forces irrésistibles et déchaînées quelque chose qui fait naître en l'esprit des pensées graves, solennelles même et qui enveloppe, pour ainsi dire, notre admiration d'un voile de deuil.

C'est aussi le genre d'impression qui résulte en général du spectacle des grandes cataractes. Un fleuve qui descend à la mer rencontre parfois, dans les roches à travers lesquelles il court, une telle diversité de résistance à l'érosion qu'il creuse rapidement les unes avant d'avoir entamé les autres. Si la roche dure est en amont et la roche molle en aval, il se forme une cascade, en certains cas une cataracte et même une cataracte à échelons. Ainsi, la Yellowstone, dans le parc national des États-Unis, se précipite d'abord à angle droit d'une hauteur de trente-quatre mètres et voile sa chute d'un nuage de vapeur blanche ; ensuite elle décrit une courbe gracieuse autour d'une colline, puis d'un seul jet s'élance à plus de cent mètres de profondeur ; mais elle se pulvérise en chemin et s'éploie en un panache de vapeur. Enfin elle roule ses flots d'un bleu d'azur au fond d'une gorge profonde et sinueuse, dont les parois sont peints de couleurs jaune, rouge, orangée, tandis que sur les hauteurs s'étage une sombre et verte forêt de conifères.

Le spectacle est plus majestueux encore dans l'Afrique australe. La coulée de basalte, sur laquelle court le Zambèse, s'est fendue transversalement. Le fleuve, large de plus d'un mille, s'y précipite en une nappe limpide comme le cristal; mais presque aussitôt cette nappe se transforme en une masse de neige qui se disloque, se brise, lance de tous côtés des éclats et disparaît dans le gouffre. Cinq colonnes de vapeur, de forme conique, s'élèvent de l'abîme; le soleil dessine dans leurs humides panaches un triple arc-en-ciel aux vives couleurs; puis elles retombent en pluie fine, tandis que la rivière, se creusant un chemin étroit dans le bord opposé de la cassure, poursuit, toute blanche d'écume, sa course sinueuse à travers les murs de rochers qui l'encaissent. Les indigènes nommaient autrefois la grande chute « Séongo » ou « Thongoué », *l'endroit de l'arc-en-ciel*; ils l'appellent aujourd'hui « Mosi-oa-tounya », *la fumée qui tonne* (Livingstone).

Un lac, c'est un réservoir plus ou moins

étendu, plus ou moins profond, vers lequel convergent les ruisseaux et l'eau de fusion des glaciers, ou qu'alimentent des sources de fond. Cette vaste nappe d'eau tranquille évoque l'image de la paix, parce qu'elle n'est pas soumise au flux et au reflux de l'océan et qu'ordinairement des obstacles naturels, montagnes ou forêts, semblent l'abriter contre les vents. D'ailleurs, l'eau des lacs n'est pas agitée, comme celle des fleuves, d'un mouvement perpétuel ; le fleuve, qui coule sur une pente inclinée, a quelque chose de plus actif et de plus vivant. C'est une grande artère qui porte partout sur son passage la fertilité et la vie ; l'eau n'est pas moins nécessaire à la fécondité de la terre que le sang à la conservation et à l'accroissement de la vie chez les animaux. Mais pour que le fleuve soit beau, il faut que la hauteur des falaises qui l'encadrent soit proportionnée à la largeur de son cours. Le Don et le Volga, manquant à cette règle naturelle, produisent peu d'effet.

« La grandeur même des rivières en diminue le

charme : en vain ont-elles sur une de leurs rives une falaise assez élevée, parfois couverte de grands arbres ; ces falaises sont d'ordinaire trop basses pour la largeur du fleuve et sont écrasées par elle. Cette disproportion gâte le plus beau passage du Volga, dans son grand coude de Samara, entre Stavropol et Sysrane, alors qu'il se creuse une route entre deux chaînes de collines plus hautes que celles de la Seine, du Danube ou du Nil : le fleuve, étant plus large que les collines ne sont hautes, les rapetisse et leur enlève de leur effet. Tout souffre en Russie *de ce manque de relation entre la coupe verticale et le plan horizontal des paysages* » (Leroy-Beaulieu, *La Russie et les Russes*, Revue des Deux Mondes, 15 octobre 1873, p. 877).

Mais l'effet n'est pas du tout le même si les proportions sont renversées, si une eau écumeuse roule au fond d'une gorge profonde, dans un encadrement de hautes montagnes boisées, comme la Sill au pied de la route du Brenner, près d'Innsbruck. Tout le monde admire dans les Alpes de Suisse ces minces filets d'argent, qui coulent entre deux hautes murailles de rochers, et les lacs profondément encaissés comme celui des Quatre-Cantons ou le Waldersee. C'est une disposition analogue qui frappe dans les cañons du Tarn et du Colorado. D'ailleurs, d'autres cadres que les montagnes ou les cañons s'adaptent parfaitement à un grand fleuve. Ainsi, les forêts vierges, au milieu desquelles s'enfoncent l'Orénoque et le Magdalena, leur forment une riche et sauvage bordure.

La splendeur de la nature organique dépend essentiellement de l'eau. Toute contrée, privée de l'arrosage d'un fleuve ou de l'humidité pluviale, est condamnée par là même à la stérilité. La luxuriante végétation, qui couvre beaucoup de pays de la zone tropicale, naît, se conserve et se reproduit sous les douches de pluie diluvienne qui s'y abattent. Où l'eau manque, le désert règne en maître. Les oasis, qui rompent la monotonie des sables du Sahara, ne vivent que par les sources qui les baignent. Privées d'eau, les plantes se dessèchent, et lorsque le règne végétal est anéanti ou simplement rabougri, les animaux disparaissent, soit qu'ils meurent, soit qu'ils se retirent : on ne rencontre plus en ces lieux que quelques rares insectes, quelques reptiles obscurs et de petite taille. Les colonnes d'air chaud, que l'échauffement des sables produit et qui s'élèvent à une grande hauteur, empêchent la vapeur d'eau, que les vents marins entraînent, de se condenser au-dessus du désert. Seulement lorsqu'une chaîne de montagnes vient interrompre les courants d'air verticaux, les nuages se forment et la pluie tombe.

Or, si l'on veut bien se rappeler que l'eau est l'agent le plus puissant du modelé terrestre, que, sous forme de pluie ou de glace, d'eau courante ou d'eau stagnante, elle poursuit activement l'aplanissement des hauteurs et la formation de nouveaux dépôts, il faut bien conclure que non seulement l'eau contribue largement à l'ornement du paysage, mais que, par son activité mécanique et son importance fondamentale pour l'entretien de la vie, elle est, dans la nature inorganique, le facteur indirect le plus essentiel de la formation même du paysage.

C'est l'eau qui produit les glaciers des montagnes et qui revêt leurs cimes de cette parure éblouissante. Parfois le glacier présente, comme la Mer de glace du Mont-Blanc, l'aspect d'un torrent aux vagues soulevées, subitement figé dans son agitation ; parfois c'est une nappe laiteuse, comme celle de la Marmolata, dans les Alpes dolomitiques. Il arrive que le bord du glacier dépasse la muraille latérale du rocher et se recourbe dans une anfractuosité comme une griffe puissante aux reflets verts. Les fentes, dont les chaleurs de l'été sillonnent ces champs de glace, se teignent sur leurs parois escarpées d'une couleur bleu intense qui rappelle celle de la mer tranquille.

C'est l'eau encore qui, dans les mois d'hiver, tombe sous forme de neige et qui couvre nos campagnes d'un manteau virginal. Cette neige est cristallisée en étoiles légères, aux formes extrêmement variées, puisqu'on y a compté plusieurs centaines de types cristallins. C'est l'eau qui enveloppe les branches des arbres et jusqu'aux aiguilles des conifères d'une mince couche de glace ou de cristaux de givre.

Enfin c'est l'eau qui, sous l'impulsion du feu souterrain, donne naissance au phénomène si remarquable des geysers. Échauffée dans les profondeurs du sol, elle monte dans l'étroit tuyau qui lui offre accès à l'air libre et s'élance périodiquement en colonne couronnée de vapeurs ; puis, ayant ainsi satisfait son irrésistible besoin d'expansion, elle s'affaisse, retombe et reprend sa tranquillité. Quelquefois le jet d'eau jaillit à des hauteurs énormes, tout droit ou incliné. Pendant la période de repos on entend souvent une sorte de grondement produit par l'ébullition de l'eau et les gargouillements des grandes bulles d'air qui viennent crever à la surface du bassin. Le Parc National des États-Unis est semé de geysers de toute dimension, très variés dans leur mode d'activité. Lorsque le conduit est trop large pour que le jaillissement soit possible, le geyser se transforme en source chaude. Sur la rive droite de la rivière Fire-Hole se dresse u.. vaste terrasse revêtue de concrétions d'u.. .. ac de neige ; son sommet se creuse en u asque énorme remplie d'eau bouillante, d'un bleu profond, qui déborde sans cesse et ruisselle en cascade sur le flanc de la terrasse jusqu'à la la rivière.

Nous savons déjà le rôle capital que joue la vapeur d'eau dans la nature. C'est elle, en effet, qui engendre les phénomènes électriques et fournit à la terre l'eau nécessaire à la vie. Sans l'évaporation continue dont le bassin des mers est le théâtre, il serait impossible à la nature de suffire aux besoins de l'irrigation pluviale. Bientôt même les sources tariraient, le lit des fleuves se dessécherait, car la pluie est indispensable à l'entretien des réservoirs souterrains et du ruissellement qui alimentent les sources et les fleuves.

Or, cette eau vaporisée se condense habituellement en nuages, qui remplissent les couches supérieures de l'atmosphère de leurs contours souvent étranges et toujours mobiles. Le ciel bleu plaît éminemment, parce que cette couleur est douce aux yeux par son éclat tempéré et sa teinte pourtant bien franche, sans doute aussi parce que l'expérience apprend à chacun que le bleu du ciel est signe de beau temps. Néanmoins, ici-bas, on se fatigue de tout, parce que rien n'est parfait et que tout a son mauvais côté. Indéfiniment prolongé, le beau temps devient monotone ; il frappe le sol d'aridité et l'homme de langueur, il diminue en réalité l'épanouissement de la beauté. Alors on salue avec joie l'apparition des nuages à l'horizon, moins, il est vrai, par goût esthétique que par nécessité vitale. Quand la pluie tombe, les plantes redressent leur tête flétrie, les nerfs se détendent, et la terre est prête pour de nouveaux enfantements.

Les nuages sont le jouet des vents, et il n'est personne qui ne se soit plu à suivre des yeux leur course vagabonde. Lorsqu'ils fuient devant une brise un peu forte, leur passage rapide, leur succession sans trêve, devient facilement une source de réflexions graves ou tristes. Cette fuite rappelle les heures et les jours qui s'écoulent, les vies humaines qui naissent et disparaissent et que d'autres remplacent sans cesse ; c'est une image des générations qui passent et se succèdent, et la pensée est bien vite amenée à s'occuper vaguement du sort personnel.

Non seulement les nuages diffèrent de teinte et de configuration, mais leur rôle dans la nature est assez divers pour qu'il ait fallu établir une classification. Ainsi, tous les nuages ne sont pas chargés de pluie ou de grêle. Au-dessus de la lourde couche de vapeur aux tons sombres planent dans les hauteurs de l'atmosphère des nuages blancs et cotonneux, qui imitent même la frisure naturelle de la laine. Souvent les cumulus, entassés par masses à l'horizon, simulent des montagnes et des glaciers. De longues bandes nuageuses flottent souvent à l'occident, lorsque le soleil se couche, et ses rayons leur communiquent les couleurs les plus éclatantes ou les plus fines.

Néanmoins, il faut en convenir, ce qui a le plus frappé en ce point l'imagination humaine, c'est le rôle des nuages à titre de réservoirs de la pluie et de la foudre. Elle a travaillé sur ces données, personnifiant et déifiant les forces naturelles et créant ainsi un panthéisme naïvement grossier. Le mythe d'Indra, celui d'Hercule et Cacus, le *Jupiter pluvius* des Romains, ce sont les observations physiques de l'humanité aux jours de sa jeunesse, traduites d'ailleurs en langage symbolique par l'imagination au service de la conscience religieuse égarée.

La vapeur d'eau, en se condensant près du sol, donne aussi naissance au phénomène de la rosée, tant célébré par les poètes, et qui semble, en effet, aux feux du soleil levant, orner de perles l'herbe et les fleurs. Quand les nuages se traînent sur le sol, ils prennent le nom de brouillard. Tous ceux qui ont vécu dans les pays du nord savent ce qu'une brume légère ajoute de charme mélancolique aux paysages de ces contrées. Le contour des objets perd sa netteté un peu dure, tout s'estompe, et la nature, sans se cacher, se dissimule à demi comme un beau visage derrière un voile transparent.

CHAPITRE III

LE TERRAIN

L'aspect du terrain dépend d'abord des matériaux dont il est formé. En effet, si l'ossature rocheuse est à découvert, si la terre végétale et les plantes ne sont pas là pour la dissimuler, le changement d'aspect sera considérable, selon que les roches sont d'origine éruptive ou de formation sédimentaire. Le granit gris et dur des montagnes bretonnes, la craie blanche et molle des falaises normandes, le vieux grès rouge de l'Écosse et des Orcades, le trachyte noir des Andes, le sable jaune du désert, le calcaire rose des Dolomites, chacun de ces éléments donne au terrain une touche nécessairement diverse. Si toutes les roches n'avaient qu'un même aspect et une seule teinte, quelle uniformité, quelle monotonie ! Mais la nature y a pourvu ; elles se distinguent par le grain, la rugosité, la couleur. La structure feuilletée du gneiss ne ressemble pas à la contexture serrée du granit, ni la craie blanche au marbre veiné. Helgoland n'est qu'un îlot isolé dans la Mer du Nord ; mais ses flancs de grès rouge plongeant à pic dans les flots écartent toute banalité du petit plateau qu'ils supportent.

Par ses dimensions inusitées et l'étrangeté de son architecture, le grand Cañon, au fond duquel coule le Colorado, mériterait déjà d'attirer l'attention. Les monuments naturels, auxquels on a donné le nom de temple de Vichnou, d'amphithéâtre romain, etc., les colonnades, les moulures, les niches, les gradins, que l'érosion a découpés dans les parois du Cañon, suffiraient à justifier l'admiration dont il est l'objet. La nature y a même ménagé, pour ainsi dire, la mise en scène, et l'on arrive, sans s'en douter, par un terrain plat, au bord de cette crevasse, profonde de deux kilomètres et large de vingt au sommet, qui se déploie en une courbe immense.

Mais le Cañon serait loin de produire un si prestigieux effet sans la riche polychromie dont ses parois sont décorées. L'assise supérieure, formée d'un grès calcareux blanchâtre, se débite en tronçons prismatiques qui donnent à cette arête l'apparence d'un rempart de place forte. Elle repose sur une assise parfaitement verticale de calcaire rouge, où le travail des eaux a creusé des niches énormes. Le fond de la gorge est bordé d'une roche massive, aux contours arrondis, qui enserre immédiatement les flots rougeâtres du Colorado. A partir de cette base de gneiss et de micaschiste, tous les terrains sédimentaires, jusqu'au carbonifère inclusivement, sont là étagés les uns sur les autres en assises horizontales, malgré quelques plissements, et injectés çà et là de filons de roches éruptives, notamment de granit et de diabase. Cette formation, la plus curieuse et la plus importante de cette espèce, est due au relèvement du haut plateau de l'Arizona sur lequel coule le Colorado. A mesure que le plateau s'exhaussait, le fleuve creusait plus profondément son lit, comme un fil de fer tendu s'enfonce toujours davantage dans une masse d'argile lentement soulevée. Ainsi s'est formé l'un des plus beaux monuments géologiques.

D'autres fois, des terrasses étagées les unes sur les autres montrent sur leurs tranches la diversité de structure et de couleur de leurs matériaux minéralogiques. Précisément, cette même région du Colorado nous en fournira un exemple dont il ne serait pas facile de retrouver l'équivalent.

« Entre les hauts plateaux de l'Utah et la plateforme dans laquelle est creusé le grand Cañon, s'étend une bande large de trente à cinquante kilomètres, orientée de l'est à l'ouest, et où, grâce à un léger plongement vers le nord, trois cents mètres de couches affleurent sur une verticale de quinze cents mètres seulement. Il y a quatre plates-formes successives, limitées chacune vers le sud par une grande falaise ou ligne d'escarpements. On compte, de haut en bas : 1° la falaise rouge pâle des marnes éocènes, épaisse de deux cents mètres et souvent divisée en piliers; 2° la blanche falaise des grès jurassiques (quatre cents mètres), où la stratification entrecroisée de couches d'inégale dureté se révèle à la surface par des vermiculures très délicates; 3° les escarpements de couleur vermillon du trias, où sur six cents mètres les falaises verticales de grès massifs alternent avec les talus de marnes tendres; 4° enfin les falaises permiennes (trois cents à quatre cents mètres) de couleur chocolat, pourpre, violet, avec des formes éminemment architecturales. Tout cet ensemble, sous le ciel pur du pays et grâce à l'absence presque complète de végétation, produit une impression saisissante » (De Lapparent, *Leçons de géographie physique*, p. 111 et 112).

A côté de la formation géologique, qui donne au sol sa nature propre, il faut placer les soulèvements, qui déterminent les lignes du terrain. Ces lignes représentent avant tout ce qu'on appelle le dessin au trait; c'est la délimitation générale du modèle terrestre. Le sol n'a-t-il pas subi la poussée du soulèvement ? Alors il reste dans sa position normale, couché horizontalement. Cette poussée s'est-elle, au

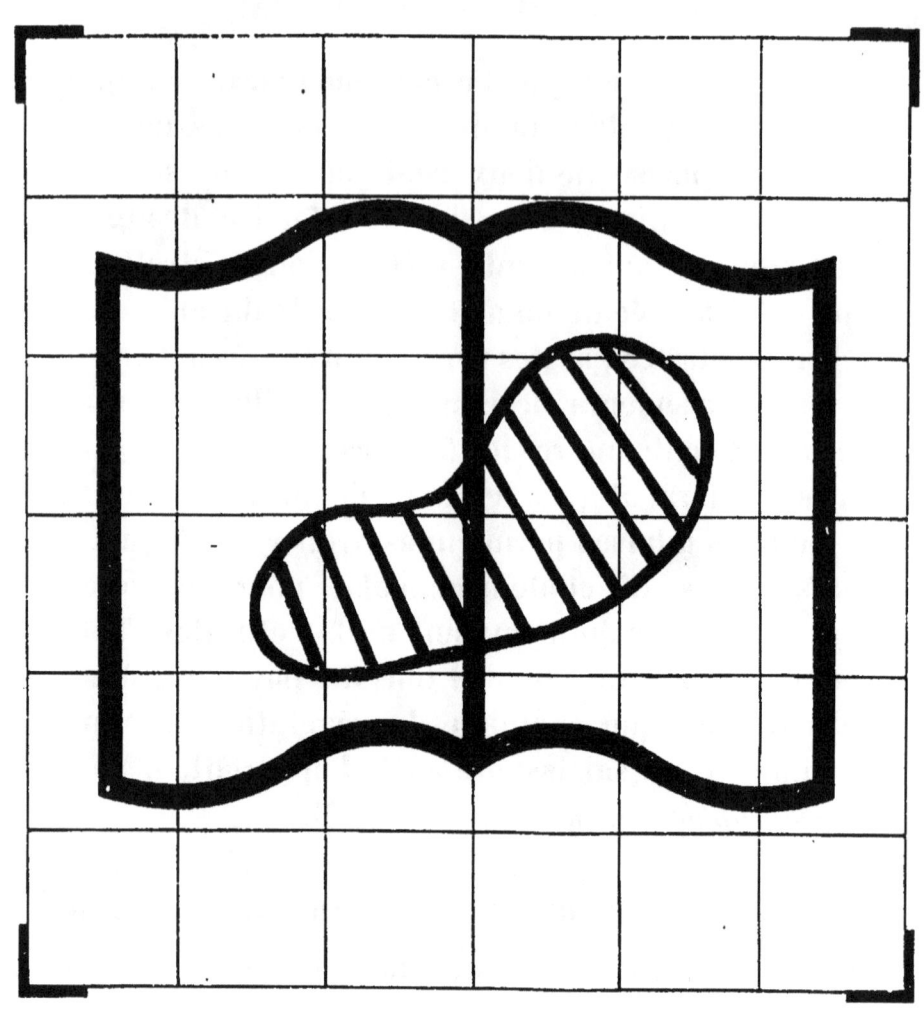

contraire, exercée sur le terrain ? Il se sera relevé dans une mesure proportionnelle à la force mécanique dont il subissait l'action, inversement à la force de résistance de sa constitution minéralogique. Plus la première de ces forces aura été puissante et plus la seconde aura été faible, plus les couches soulevées se rapprocheront de la verticale ; quelquefois, cela pourra même aller jusqu'au renversement total ou à la translation d'un lambeau de terrain. Les tremblements de terre d'aujourd'hui ne sont que des images très affaiblies de ces commotions telluriques, dont la construction de presque toutes les chaînes de montagnes porte la trace. Il ne manque pas d'exemples qui, à côté de la continuité du processus de soulèvement, laissent apparaître comme possibles ou même vraisemblables certains épisodes, dans la marche desquels se relève une incroyable force d'ébranlement ; l'imagination recule, elle se refuse à suivre sur ce terrain la raison, à reproduire l'image dont l'esprit tire l'ébauche de l'observation des faits (cf.

Édouard Suess, *Das Antlitz der Erde*, t. I, p. 26).

Ici, les deux extrêmes opposés, c'est la plaine et la montagne : la plaine, qui a peu subi les efforts du soulèvement ou que l'érosion a rabotée jusqu'au sol, la montagne qui est le témoin durable de la puissance de ces forces mécaniques. Entre elles viennent se ranger de plateau, qui est une tentative de conciliation, les collines et les accidents du sol.

La plaine, c'est un terrain plat à perte de vue, qui donne un peu comme la mer la sensation du lointain et de l'espace illimité. Pour que cette sensation soit complète, il faut que la monotonie de la plaine ne soit pas interrompue par des bouquets d'arbres. Une savane couverte de graminées et un désert de sable sans fin peuvent seuls imiter de près l'impression d'immensité que laisse la mer. D'ailleurs, le désert et la steppe ont une apparence de désolation tout à fait communicative et qui les distingue de l'océan. Sans être vivante, la mer est perpétuellement agitée ; elle ne

ressemble pas à la face immobile du désert
De plus, elle nourrit la vie dans ses flots
tandis que la faune rare des sables est inca
pable d'animer ces mornes solitudes. L
Sahara, le désert de Gobi sont les lits de vaste.
mers desséchées, et l'étendue leur reste avec
son impression caractéristique; mais la vi
s'en est retirée avec les eaux. Néanmoins, le
silence que rien ne trouble, la solitude absolue,
la lumière éclatante, ne sont pas sans attraits
pour les âmes profondes.

« Déjà nous sommes dans le désert ; peu à peu les
conversations tombent, et l'entretien commence
avec la solitude, la solitude tant aimée quand on a
une fois noué commerce avec son âme. La solitude
a eu ses amants passionnés auxquels la civilisation
ne faisait éprouver qu'une intense nostalgie du
désert, comme ces grands anachorètes dont la lé-
gende disait: pris d'un amour ineffable de la solitude, *incredibili solitudinis captus amore*. C'est qu'elle
a sa beauté, beauté austère et qui ne sera jamais
goûtée du grand nombre, beauté qui ne se révèle
qu'à ceux qui savent la mériter par la fatigue physique et la privation de ce qui fait l'attrait du monde,
beauté qui se manifeste dans l'unité d'une impression très grande, presque écrasante, si on n'y

trouvait Dieu. Ce n'est pas que le désert soit monothéiste, puisque les anciens Sémites n'ont su que le peupler d'êtres étranges, plus malfaisants que leurs propres dieux ; mais Dieu, qui attend toujours l'occasion de parler à l'âme, la trouve plus facilement dans ce silence des choses. Sous le poids d'une chaleur qui faisait vibrer l'air, encore plus accablé de l'éclat d'une lumière dure aux yeux, j'ouvris le livre et je lus : « Garde ma loi, observe mes commandements ». Cette voix pénétrait jusqu'à l'esprit, transperçant de crainte ma chair si souvent rebelle, si lourde à l'élan de l'âme, si sourde aux appels divins. Il me semblait que je n'avais jamais lu ces paroles nulle part, tant elles me paraissaient graves : et je compris comment le désert avait été nécessaire au peuple de Dieu avant de pénétrer dans la Terre promise. Et si telle est la voix de la solitude dans l'accablement du plein midi, qui dira la magie enivrante de la lumière du soir ? » (P. Lagrange, *De Suez au Sinaï*, Revue biblique, 1896, p. 621).

La plaine, c'est le plan horizontal indéfiniment prolongé ; la montagne, c'est la ligne courbe et la ligne brisée sous tous leurs aspects. La montagne est aussi variée que la plaine est monotone. Elle prend la forme d'un dôme colossal, comme le Chimborazo, ou d'un piton aigu, comme le Pic du Midi. Parfois, elle imite une pyramide, un orgue, un clocher, un château fort, et c'est un spectacle bien curieux de voir rapprochées les unes des autres, dans les Alpes dolomitiques, toutes ces hautes constructions. Tantôt elle s'élève isolée au milieu d'une plaine, tantôt elle fait partie d'un vaste ensemble, elle n'est qu'un anneau dans une chaîne de montagnes. L'Afrique est toute parsemée de montagnes tabulaires; quelques-unes sont rondes, formées de gradins en retrait les uns sur les autres et marqués chacun par une ligne de verdure; d'autres sont carrées et s'élèvent en falaises abruptes sur une base large et boisée. L'Espagne est sillonnée de chaînes, dont les arêtes vives, régulièrement espacées, imitent les dents d'une scie et auxquelles on donne, en effet, le nom de *sierras*. Quelquefois on y rencontre des montagnes escarpées, couronnées d'une muraille rocheuse, qui donne l'illusion d'une forteresse: l'érosion est venue à bout des couches plus tendres qui recouvraient l'ossature, et le roc nu se dresse maintenant au-dessus de la déclivité rapide. Cette forme orographique porte dans la langue du pays le nom significatif de *Castillo*.

Cette brève description fait voir qu'on aurait tort de chercher ici l'unité d'impression. Sans doute, toute haute montagne suffisamment dégagée donne l'impression de l'altitude, éveille en nous une sorte de respectueuse admiration ; mais les choses ne vont pas plus loin. Les formes des montagnes, la nature des roches qui les composent, le revêtement végétal ou la dénudation des pentes, tout cela est trop divers pour que les sentiments éprouvés soient identiques. La montagne nue et aride suggère des pensées austères et même tristes ; la montagne boisée plaît à la vue et invite au repos. Ce n'est pas sans raison qu'une belle cime pyramidale des Alpes tyroliennes porte le nom de *Waldrast* (repos de la forêt). Bref, il y a autant d'impressions que de chaînes et que de montagnes.

Ces formations étonnantes ne sont en aucune façon l'œuvre d'un hasard heureux. Les soulèvements et les plissements du terrain donnent naissance aux chaînes de montagnes. Ce sont d'abord des rides de l'écorce terrestre. Mais ce premier travail serait trop sommaire pour leur imprimer cette variété de formes qui fait qu'il n'y a pas au monde deux chaînes semblables. De nouveaux plissements interviennent et compliquent l'aspect général ; des redressements, des renversements de couches révèlent l'énergie des forces qui concourent à l'édification de la chaîne. Aussitôt qu'elle se dresse au-dessus du sol, les agents météorologiques entreprennent l'œuvre du nivellement. L'eau des pluies emporte les terres et pénètre dans les interstices des roches. Les alternatives de la température et la congélation de cette eau font éclater le calcaire ou le granit. Les torrents ravinent, les jours d'orage, les flancs de la montagne. Si le soulèvement a porté bien haut quelque lambeau de l'écorce terrestre, ce n'est pas de la pluie, c'est de la neige qui tombe sur les sommets. Cette neige se tasse en s'accumulant, elle se transforme en glace ; l'énorme masse se met en mouvement, elle glisse lentement sur les pentes et produit l'effet d'une machine à polir ; elle désagrège les roches, les écrase, les laboure de stries, leur donne cet aspect moutonné auquel on reconnaît l'existence d'anciens glaciers. Quand, depuis plusieurs périodes géologiques, l'érosion s'exerce sur une chaîne de montagnes, elle la rabote jusqu'au sol, si la chaîne était peu élevée, et dans le cas contraire, elle la transforme en plateau comme les Ardennes ou n'en laisse subsister qu'un débris comme les montagnes d'Arrez.

Parfois une rupture de la terre ferme livre passage aux feux souterrains ; ces écroulements partiels des continents fendent les couches profondes. Au-dessus des failles ainsi ouvertes, sous la pression de la vapeur d'eau, des gaz enflammés et des laves, le sol se gonfle, comme une masse de métal fondu sous la montée des bulles d'air. Les matières gazeuses et liquides se fraient un passage à travers les roches, elles enlèvent et dispersent par explosion le sommet du cône de soulèvement, et s'épanchent au dehors par la cheminée, le boyau que ces irrésistibles mineurs ont creusé dans les entrailles de la montagne. Un volcan nouveau est formé.

Partout où se sont produits des écroulements de terrain, partout les volcans ont éclaté, et la régularité de cette concordance fait bien voir qu'il s'agit d'une loi naturelle. L'écroulement atlantique et la formation de l'Hékla en Islande, l'écroulement méditerranéen et les volcans en activité sur le littoral ou dans les îles (Vésuve, Etna, Stromboli, Santorin), l'écroulement océanien et les monstrueux soupiraux des Andes et de la Malaisie, sont là pour en témoigner. Ces phénomènes à leur paroxysme comptent parmi les plus redoutables de la nature, et l'horreur paralyse l'admiration. Mais leurs manifestations modérées donnent aux montagnes un caractère nouveau, indépendant du dessin général de leur ligne et de leur composition minéralogique. Ce n'est plus une simple intumescence du sol que l'on a sous les yeux, c'est une des hautes cheminées par lesquelles le monde souterrain expulse les matières en combustion, soit qu'elles proviennent du noyau central, soit que le frottement et l'écrasement des couches pierreuses sur les lèvres de la fente liquéfient les matériaux les plus réfractaires par la transformation du mouvement en chaleur. Un panache de fumée montant jusqu'aux nuages et se balançant au-dessus d'un pic blanc de neige, tel est le spectacle qu'offrent bien des volcans de cette chaîne des Andes où, sur une étendue de trois degrés à peine, flambent dix-huit cratères.

La Cordillère des Andes ne possède pas les plus hautes montagnes de la terre ; mais il n'y a pas au monde de chaîne plus intéressante, ni plus synthétique. L'Himalaya n'a pas de volcans ; les Andes en sont remplies du Chili à la Nouvelle-Grenade. A plusieurs reprises, la Cordillère se divise en deux branches qui enserrent un haut plateau entre leurs sommets ; on dirait une chaussée colossale courant entre deux rangées de gigantesques bastions. L'étendue de la chaîne est prodigieuse ; elle prend naissance sur les bords de la mer des Caraïbes, contourne les Guyanes et le Brésil, traverse la Nouvelle-Grenade, l'Équateur et le Pérou, pénètre profondément en Bolivie, où elle lance vers le ciel les cimes merveilleuses de l'Illimani et du Sorata, borde la vallée longitudinale du Chili et pousse jusque dans la République Argentine une série de sierras, de chaînons et de collines. Rien ne lui manque : ni les glaciers resplendissant au soleil de l'équateur, ni les cirques sauvages et les cimes dépouillées, ni les montagnes ombragées de forêts, ni les lacs, ni les plateaux, ni les déserts, ni les plus hauts volcans du globe. Il y a là un ensemble unique de beautés naturelles, et la nature s'y est reprise à plusieurs fois avant d'avoir achevé le modelé de cette chaîne puissante.

Nous admirons volontiers le spectacle de l'activité humaine, assouplissant les forces naturelles et servie par toutes les ressources de la mécanique. Pour des yeux qui n'y sont point accoutumés, c'est chose frappante de voir, dans une fabrique de fonte, la cornue énorme, où bout le fer en fusion, s'abaisser doucement sous la pression d'une main d'enfant, le métal enflammé s'échapper à flots de l'orifice, et les raies du carbone qui brûle apparaître à travers le réseau du spectroscope. Mais la nature aussi a des centres d'activité, des fabriques où elle travaille avec une énergie sans égale.

« Dans l'île de Java, un ruisseau s'écoule par dessus la bouche du volcan de Pepandajan jusque dans les profondeurs du cratère ; le combat pacifique, qui s'y livre entre l'eau et le feu, est bien remarquable. Sur le fond brûlant du gouffre s'étale une série de marais sulfureux et de bourbiers en ébullition ; des jets de vapeur s'élèvent en mugissant, des sources d'eau chaude jaillissent, des crevasses lancent en sifflant des gaz, et de petits volcans de boue projettent périodiquement en l'air leurs colonnes de liquides impurs. Et tout cela réuni sur un espace relativement restreint produit une combinaison de sons mesurés et si variés que l'observateur étonné est tenté de se croire dans une grande fabrique, où des milliers de machines sont mises en mouvement par un moteur commun » (Kolberg, *Nach Ecuador*, 2e édit. p. 334).

Les forces volcaniques engendrent des formations d'aspect très divers. Les cônes de déjection, composés de cendres et de pierres ponces, ne peuvent se maintenir que sous un climat très sec; les pluies tropicales les ravinent et les disloquent, elles y creusent des tranchées et minent par la base les pyramides isolées que la dispersion des matériaux a laissées subsister. Les coulées de laves, quand elles sont assez abondantes et encore fraîches, ne produisent que de grandes plaines uniformes, impropres à la végétation; mais, avec le temps, elles se fendent, l'eau et la glace y pénètrent et l'érosion les découpe en cônes ou en obélisques. Ainsi taillé par l'érosion, le manteau de laves, qui couvrait autrefois le Cantal, donne au pays un cachet de beauté sauvage. Parfois, le feu souterrain a fait mieux encore pour l'ornementation future de la contrée qu'il ravageait. En raison des circonstances qui accompagnèrent leur refroidissement, certaines coulées ont pris une structure de retrait qui les a divisées, au moins à la base, en prismes ou en colonnes le plus souvent hexagonales.

Que le travail de l'érosion mette à nu cette structure, alors apparaissent les orgues et les colonnades basaltiques de l'Écosse et de l'Auvergne. Quand les tranches de ces prismes affleurent et se pressent à la surface du sol, il en résulte une sorte de pavage cyclopéen ou de *chaussée des géants*.

En général, les paysages, à la constitution desquels ont activement travaillé les feux souterrains, en gardent une empreinte de tristesse, parfois lugubre, comme, par exemple, le chaos de laves que l'Hékla a vomies sur l'Islande. Dans l'île d'Hawaï, le feu se montre à découvert. Le cratère du Kilauea n'est point cette sorte d'entonnoir par lequel s'échappent les laves et les bombes volcaniques ; c'est un cirque qui, entre ses parois lisses, enserre, à cinq cents mètres de profondeur, un lac de feu dont les flots ondulent, se soulèvent et s'écoulent par une fente latérale de la montagne. La lave enflammée court jusqu'à la mer où elle se précipite ; à ce contact, l'eau se vaporise instantanément avec des sifflements aigus, les flots entrent en ébullition sur une large étendue, d'épaisses colonnes de vapeur s'élèvent et dérobent aux regards le théâtre du combat. C'est l'un des spectacles qui rappellent le plus fidèlement le duel primitif de l'eau et du feu. Si les anciens l'avaient connu, ils auraient placé là l'entrée des enfers, et ce choix eût été plus justifié que celui de l'insignifiante Solfatare.

Entre la plaine et la montagne, il y a toutes sortes d'intermédiaires qui ménagent la transition. A côté des chaînes immenses et des pics dont le front domine les nuages, il y a la montagne aux pentes adoucies et d'élévation moyenne, il y a la colline qui accidente si heureusement des terrains trop unis et forme un encadrement naturel aux dépressions du sol. C'est là peut-être qu'il faut chercher l'expression du beau dans la nature plus encore que dans ces montagnes colossales dont la vue nous jette en émoi. Quelquefois les collines s'étendent, se croisent et se prolongent comme les vagues d'un océan subitement figé. Leurs proportions plaisent sans effrayer ; on les gravit sans danger, sans fatigues excessives, et de leurs sommets on jouit d'un horizon souvent plus étendu que dans les chaînes grandioses où des cimes nouvelles se dressent sans cesse devant le spectateur, Le Pentélique n'a ni la hauteur des Alpes, ni leurs glaciers, ni leurs forêts ; mais cette montagne de marbre a été admirablement sculptée par la nature, qui l'a dotée de lignes harmonieuses. Elle n'emprunte pas sa beauté à des ornements extérieurs ; elle la doit tout entière à la pureté de son dessin et aux teintes magnifiques dont l'aurore ou le couchant la pare.

La montagne indéfiniment prolongée, sans découpures et sans vallées, ne serait plus qu'un plateau élevé. Pour qu'elle mérite de plaire aux yeux, il faut que sa crête soit taillée sculpturalement et que des vallées ou des plaines séparent les pics les uns des autres. En elle-même, la hauteur de la montagne au-dessus du niveau de la mer est insuffisante pour donner une forte impression d'altitude, parce qu'elle peut n'être qu'une cime médiocre sur un plateau ou se confondre presque totalement avec le corps de la chaîne. C'est donc la profondeur de la plaine ou de la vallée qui fait ressortir la hauteur de la montagne. Le haut et le bas sont purement relatifs, comme l'espace dont ils sont une des formes. Pour que la montagne apparaisse dans toute sa majesté, il faut qu'elle se détache du sol ou de la chaîne, qu'elle tranche par son élévation sur le terrain où elle s'appuie. Sous ce rapport, elle est comme une perpendiculaire abaissée d'un point donné sur une droite; pour en évaluer la hauteur, on choisit naturellement le point d'intersection des deux lignes. Ici comme ailleurs, le contraste est un des éléments du beau; la montagne et la vallée se font mutuellement valoir.

Les vallées empruntent d'ailleurs leur physionomie aux montagnes. Si les flancs de celles-ci s'abaissent en pentes douces, leur rapprochement forme une vallée assez ouverte du côté du ciel pour que l'air et la lumière y pénètrent sans obstacle, assez encaissée aussi et fermée au dehors pour que l'on se sente chez soi et qu'on aime à y rester. Il est doux d'errer dans ces vallées dont les détours entraînent toujours plus loin le voyageur par l'attrait des beautés nouvelles qu'ils semblent lui promettre. Si les flancs des montagnes tombent à pic comme des murs de roche, la vallée prend un air sombre et même menaçant, surtout si les parois sont très rapprochées et si des eaux bouillonnantes mugissent au fond. Alors on ressent une certaine angoisse, un serrement de cœur dans cette prison, et l'on a hâte d'en sortir pour se retrouver à l'air libre.

Or, cette impression est formellement contraire à celle que provoque un séjour un peu prolongé sur les montagnes. A ceux qui sont suffisamment sensibles aux impressions reçues du dehors, une ascension de quelques heures procure ce sentiment de liberté et d'indépendance, ce dégagement des servitudes sociales, cette fierté personnelle, si remarquables chez les peuples montagnards La vie isolée au milieu de cette nature puissante, en contact intime avec elle et avec les hôtes sauvages qu'elle nourrit, fortifie ces sentiments dans le cœur de l'homme, au point qu'ils en viennent à se transmettre par la génération et à faire partie du tempérament héréditaire. Les montagnes sont vraiment pour les races qui les habitent le rempart et le soutien de l'indépendance nationale. Le montagnard éprouve quelque dédain pour la vie un peu plate des laboureurs qu'il voit travailler dans la plaine; à lui, la vie au grand air, loin des centres administratifs et tout près de la nature, qu'il connait, qu'il aime et dont il écoute les palpitations vitales. Le montagnard ressemble à l'aigle qui plane au-dessus des cimes ; à ses yeux, l'habitant des plaines est un oiseau de basse-cour.

CHAPITRE IV

LE CRISTAL

A vrai dire, l'individualité ne commence qu'avec la vie, surtout avec la vie animale; elle ne prend conscience d'elle-même qu'avec l'esprit. Les choses sont trop indécises, trop flottantes, elles ont des frontières trop vagues, trop mal déterminées, pour qu'il soit possible d'y trouver même le premier germe de l'individualité. L'eau prend nécessairement la forme du contenant; la lumière, celle du foyer; le terrain a des lignes trop étendues et trop générales pour ne pas échapper à toute délimitation précise.

Est-il cependant impossible de trouver dans la nature inorganique la première ébauche de ce fait capital : un être séparé de tout ce qui n'est pas lui-même, vivant en soi et pour soi, auquel nulle force purement physique ne peut rien ajouter d'essentiel, auquel on ne retranche rien sans le mutiler ?

En effet, la nature inorganique a tracé cette ébauche dans le cristal, c'est-à-dire dans cette portion de matière minérale qu'une force intime réduit en un tout parfaitement distinct de ce qui l'environne, à laquelle elle prête une configuration spéciale et durable. D'ailleurs, en esthétique, le sens de ce mot n'est pas exactement le même qu'en minéralogie. Tout ce que l'esthétique appelle cristal, sera cristal aussi pour la minéralogie ; mais la réciproque n'est pas vraie. Sous ce nom, les minéralogistes comprennent toutes les matières cristallisées, tandis que l'esthète restreint ses préoccupations au cristal suffisamment dégagé de la matière environnante. Un cristal peut conserver sa beauté, même s'il s'enchevêtre dans d'autres individus cristallins ; mais la délimitation doit être encore assez nette pour que l'on puisse reconnaître et admirer ses formes particulières. Si les cristaux sont empâtés dans une sorte de ciment, ils ne sont plus pour l'esthète qu'un fragment pierreux, c'est-à-dire une matière plus ou moins dure qui n'a droit à aucune forme et détermination spéciale, tandis que le cristal dépend essentiellement dans sa constitution des forces mécaniques qui régissent ses molécules. Sans doute, la pierre est susceptible de recevoir, de l'action d'une force externe et étrangère, une forme déterminée ; elle peut être taillée en carré ou en cylindre, en blocs cyclopéens ou en petit appareil, et elle acquiert ainsi une sorte d'individualité factice. Mais cette individualité ne peut entrer en ligne de comparaison avec celle du cristal, qui est l'œuvre de la force interne.

Pour que le cristal réponde aux exigences de l'idée du beau, il faut d'abord qu'il atteigne certaines dimensions, qu'il soit commensurable à l'œil nu. Aristote a eu raison de dire que le beau suppose une certaine grandeur ; l'objet ne doit être ni trop grand, parce que l'œil ne peut l'embrasser, ni trop petit, parce qu'il devient insignifiant. Cette grandeur que demande Aristote n'est, il est vrai, qu'une condition négative du beau ; mais, cette restriction faite, la remarque est juste. C'est pour cette raison que l'œil n'apprécie les cristaux de la neige, si fins pourtant et si gracieux sous l'oculaire du microscope, que dans leur agglomération en flocons et en dehors de toute distinction numérique.

Supposé que l'individu minéral soit doué de proportions qui permettent de le voir facilement et de l'apprécier, alors il plaira par sa symétrie. La symétrie est la correspondance des deux parties d'un tout, juxtaposées ou superposées, c'est-à-dire séparées par un plan vertical médian ou par un plan horizontal. La beauté du cristal résulte de la disposition symétrique de ses pans, qui a pour cause la régularité des distances intermoléculaires et l'orientation des particules. C'est le triomphe du groupement dans l'ordre, de la géométrie dans la nature. En soi, c'est même trop géométrique pour être parfaitement beau ; on sent que le cristal dépend de lois mathématiques ; on n'y trouve point la liberté de la vie, la prodigalité de lignes courbes et arrondies qui prédominent dans les êtres organisés. Mais cela ne choque pas, parce qu'on admet qu'à la matière brute conviennent des lois purement mécaniques. D'ailleurs, des divergences dans la structure moléculaire et l'empire des circonstances extérieures donnent à l'application de ces lois plus de souplesse qu'on n'en attendrait, et les corps susceptibles de cristallisation peuvent se coaguler méthodiquement sous des formes assez variables pour qu'on soit tenté d'en faire des espèces différentes. Rien de plus capricieux, au premier abord, que la figure des cristaux de quartz hyalin qui tapissent quelqu'une des belles géodes du Saint-Gothard. Les uns sont des prismes réguliers ; d'autres sont aplatis dans un certain sens. Il en est dont la pyramide est hexagonale, d'autres où trois faces sont spécialement développées, d'autres enfin où une seule face réduit les cinq dernières à l'apparence de troncatures sur les angles ou sur les arêtes. Mais les angles dièdres que les faces homologues font entre elles restent toujours constants et permettent de reconnaître l'identité fondamentale.

La nature déploie, du reste, pour distinguer les espèces de cristaux, la plus riche variété de formes géométriques. Toutes les figures polyédriques semblent s'être donné rendez-vous sur le terrain de la minéralogie ; on y trouve des cubes, des prismes, des rhomboèdres, etc. Et à la variété des formes s'ajoute celle des grandeurs ; car les dimensions des cristaux changent non seulement d'une espèce à l'autre, mais jusque dans la même espèce.

La couleur aussi varie. Il y a des cristaux d'une diaphanéité parfaite (cristal de roche), que la lumière traverse et semble enflammer de ses feux. D'autres présentent de magnifiques colorations dues à des oxydes métalliques ou à des hydrocarbures. Ce n'est pas sans raison qu'on dit *bleu comme le saphir* ou *vert comme l'émeraude.* Le rubis spinelle est rouge de sang et bien translucide ; le grenat est rouge sombre et opaque. L'améthyste donne des cristaux violets, le rubicelle des cristaux jaune d'or.

Suit-il de tout ceci que la matière cristallisée ait le privilège exclusif de la beauté, que toute matière amorphe soit par le fait même incapable d'y atteindre ? La conclusion serait excessive. Comme la matière amorphe, par définition, ne donne jamais naissance à des individus cristallins, il lui manque toujours cette détermination et cette régularité qui font la valeur du cristal. Mais elle présente souvent des couleurs et des veines du plus bel effet; les marbres, en général, surtout l'onyx et la brèche de Sicile, ont une finesse de grain, un mélange heureux de teintes fondues ensemble, ils sont sillonnés de veines éclatantes qui les rapprochent souvent des pierres précieuses. L'opale ne cristallise jamais ; néanmoins, tout le monde admire ses reflets changeants, ses teintes laiteuses et irisées. Dans un autre ordre d'idées, le granit satisfait par son apparence d'inébranlable solidité, il plaît par le brillant qu'y mettent les parcelles du mica.

Les concrétions calcaires, que forment les eaux saturées de ces sels, jouent dans la nature un rôle en apparence bien modeste, et pourtant, quand les circonstances s'y prêtent et que le calcaire est abondant, elles édifient par leur agglomération d'admirables pendentifs. Le règne minéral s'est ainsi créé des palais mystérieux, où il cache la splendeur de ses œuvres. Quoi de plus beau qu'une vaste caverne, ornée de stalactites et de stalagmites de taille colossale, formant colonnade ou forêt ? L'œil s'égare à travers ces piliers qui étincellent sous les feux de la lampe au magnésium ; les figures les plus singulières, les édicules les plus élégants, se dressent sur le sol de la salle souterraine, comme le *Clocher* de Dargilan ou le *Minaret* de l'Aven Armand ; touchés par un rayon lumineux, les coins les mieux abrités, les plus profondément plongés dans l'ombre, resplendissent aussitôt. Toutes ces blanches concrétions miroitent et brillent à la moindre lueur. Ce sont des palais enchantés, de vrais palais de fées. Aussi la spéléologie, si utile aux travaux des géologues qui y lisent l'histoire interne du globe, captive-t-elle au plus haut degré les hommes vraiment amoureux des beautés de la nature.

CHAPITRE V

LA VIE

La nature inorganique est donc bien belle ; en elle se rencontrent et se combinent sans cesse les éléments de la beauté, l'unité, la variété, l'ordre, l'éclat. Les lignes du terrain, l'eau, les splendeurs de la lumière, les cristallisations, tout cela présente à l'œil mille objets dignes d'admiration, mille tableaux mobiles ou durables. Cependant le monde matériel serait bien froid, s'il était isolé du reste de la création ; il ressemblerait trop aux paysages lunaires, désolés et vides, ou, si l'on veut, à ceux de l'Islande et du Groënland. La vie, voilà ce qui anime la nature, ce qui tempère la sévérité de ses aspects ; elle voile ce qu'aurait d'effrayant pour l'esprit humain une planète où les forces physiques seraient seules en jeu ; elle est le couronnement naturel de l'œuvre créatrice ; elle explique et justifie l'existence du monde inorganique en lui assignant une cause finale extrinsèque, plus élevée et plus complète que celle qu'il porte en lui-même.

L'apparition de la vie sur la terre introduit dans la nature un élément transcendant, supérieur à toutes les forces physiques ; celles-ci, abandonnées à elles-mêmes, resteraient toujours incapables de le produire. La matière est frappée de stérilité radicale ; elle peut, il est vrai, se jouer en mille combinaisons diverses, mais elle ne peut rien produire de nouveau. La fantasmagorie des transformations chimiques nous fait illusion ; ce sont toujours, en réalité, les mêmes atomes qui, sous l'influence des forces physiques, s'unissent en des proportions diverses, s'allient les uns aux autres, se coagulent ou se cristallisent. La vie, au contraire, est essentiellement féconde ; elle se reproduit indéfiniment, répare ses pertes et se multiplie. Or, une vie nouvelle, c'est quelque chose de réellement nouveau ; un être qui n'existait pas est venu s'ajouter à la masse des vivants et l'a enrichie d'une individualité. Sans doute, cet être emprunte au monde inorganique la matière dont il est formé, et c'est même une des perfections de la vie de réunir en un tout organisé les éléments de la nature inorganique. Mais le principe qui anime ce tout est émané d'un vivant ; avant d'enfanter cette existence, la matière a dû subir une élaboration toute spéciale sous l'influence continue et directrice d'une vie préexistante. Ce n'est pas la matière brute, c'est la matière vivante qui est féconde, parce que la vie seule peut communiquer la vie. Par sa propre activité, la vie engendre des vies nouvelles, substantiellement distinctes de la génératrice. Tandis qu'un cristal est incapable d'en produire un autre, le vivant enfante indéfiniment des vivants ; à cette faculté de procréation il n'y a de limites que les forces et la durée de l'être qui la possède. La loi de la vie, c'est la multiplication de la vie par la vie.

Un cristal ou un minéral n'augmente que par addition. On plonge dans l'eau mère le cristal mutilé ou trop petit, et les molécules viennent se superposer méthodiquement au lieu de la fracture ou bien autour de l'individu cristallin. Le procédé dont usent les vivants est bien autrement énergique ; on y sent une action transformatrice dont la matière inorganique est privée. Pour soutenir leurs forces et les accroître, pour durer et se multiplier, les êtres vivants ont besoin, eux aussi, de la nature minérale ; sans cesse ils y puisent les particules qui doivent renouveler la matière vivante usée et vieillie, ils se les assimilent, les changent en leur propre substance, les forcent d'entrer en des combinaisons qui dépassent totalement leurs exigences chimiques ; ils se les approprient et les retiennent, jusqu'à ce que, par le jeu naturel de la vie et la série successive de ses combinaisons, elles soient expulsées pour faire place à d'autres. On devine qu'une force supérieure préside à ces transformations incessantes, à ce processus continu d'assimilation et de désassimilation.

De l'introduction de la vie dans le monde surgit une foule sans nombre de formes, inconnues jusque-là. La plasticité de la matière vivante se prête merveilleusement à cette multiplication des formes, à leur souplesse, à leur étonnante mobilité. Cette plasticité est telle qu'il n'y a pas deux vivants de la même espèce qui soient entièrement semblables. L'unité est toujours présente, toujours réelle ; mais la variété aussi est toujours à l'œuvre et se déploie en d'infinis détails. Toute raideur a disparu ; les lignes droites ou brisées, les angles durs, les aspérités s'effacent et sont remplacés par des courbes gracieuses, sinueuses ou arrondies. La mobilité perpétuelle succède à l'immobilité. Seuls, l'air et l'eau se meuvent dans la nature inorganique ; mais l'air est invisible dans sa marche.

Nous entendons souffler les chevaux de l'espace,
Traînant le char qu'on ne voit pas. (V. Hugo)

Si l'eau est sans cesse agitée, cela provient de causes physiques extérieures, l'inclinaison des pentes, le vent, l'attraction du soleil et de la lune. Or, si l'on excepte l'air et l'eau, le monde matériel change avec une telle lenteur que souvent des générations s'écoulent sans l'avoir pu surprendre à l'œuvre, ou bien le changement est si brusque qu'il a toutes les allures d'un accident ou même d'une catastrophe ; c'est ainsi que l'écroulement d'une montagne modifie totalement la face d'une région. Mais le changement rapide et continu, l'évolution sans trêve, saisissable dans ses résultats, c'est la marche nécessaire de la vie. Les plantes naissent, croissent et meurent ; on voit le germe poindre et sortir de terre, on le voit se développer et grandir, pousser des branches et des feuilles, porter des fleurs et des fruits ; on le voit se flétrir et se dessécher. Incessamment la vie travaille dans les êtres vivants, avec eux et par eux. C'est le mouvement vital autonome, dont les circonstances extérieures sont l'occasion et la condition nécessaire, mais non la cause efficiente.

La couleur aussi, dans les êtres vivants, prend une beauté nouvelle des dégradations par lesquelles elle passe et de la fusion des nuances.

« La valeur et la beauté d'une couleur dépendent plus de cette qualité que de toute autre, car la dégradation est aux couleurs ce que la courbure est aux lignes : l'une et l'autre paraissent belles à l'esprit humain guidé par son seul instinct, et l'une et l'autre, considérées comme types, expriment la loi du changement et du progrès graduel de l'âme humaine elle-même. Pour bien reconnaître la différence qu'il y a sous le simple rapport de la beauté entre une couleur bien dégradée et une autre qui ne l'est pas, il suffit d'étendre sur une feuille de papier une teinte plate de couleur rose et de mettre une feuille de rose à côté. La beauté triomphante de la rose, quand on la compare aux autres fleurs, dépend uniquement de la délicatesse et de la multitude de ses gradations de couleur, car toutes les autres fleurs sont ou moins riches en gradations, ayant moins de pétales accumulés, ou moins tendres, parce qu'elles sont marbrées et veinées au lieu d'être nuancées » (John Ruskin, cité par Rood, *Théorie scientifique des couleurs*, p. 240).

Dans le monde physique, les couleurs sont tranchées et uniformes, comme celles des terrains et des cristaux, ou bien, si elles sont dégradées et fondues, elles ont pour trait distinctif une extrême instabilité. Ainsi, l'air, la lumière et l'eau produisent en s'unissant les effets les plus délicats, les plus magiques même ; mais ces effets ne résistent pas à la moindre épreuve. Qu'un nuage passe sur le soleil, et tout ce prestige s'évanouit ; que le vent soulève les vagues de la mer, elle s'évanouit, cette teinte bleue qui se fondait si harmonieusement à l'horizon avec le bleu du ciel. Au contraire, la couleur des êtres vivants, souvent aussi fine que celle des plus beaux et des plus rares jeux de la lumière, a l'avantage d'être soustraite à l'exclusive domination de l'extérieur. Sans égaler en durée l'existence du vivant, elle est néanmoins assez stable, assez indépendante des circonstances purement extrinsèques pour qu'on ait le loisir de l'admirer comme il convient à diverses époques, à divers moments de l'année ou du jour, dans un cadre changeant et sous différents modes d'éclairage. Tantôt elle est mate et franche comme sur les fleurs, tantôt chatoyante et métallique comme sur les plumes du colibri ou l'aile des *morphos* du Brésil : plus d'un mollusque « laisse sortir de sa coquille nacrée un manteau chamarré comme le châle d'un rajah (Georges Pouchet) ».

Si l'on examine, par exemple, comment la nature diversifie dans les vivants la couleur blanche, on s'aperçoit d'abord qu'elle en varie habilement la teinte depuis le blanc mat jusqu'au blanc argenté, depuis le blanc de la marguerite jusqu'au blanc nacré de la perle, en passant par une foule de nuances intermédiaires ; elle fabrique à la fois le pétale du lis et la peau transparente des races blondes. Ensuite elle s'attaque au fond même sur lequel elle opère : elle le chiffonne, le pointille, le chagrine, le raie, ou bien encore elle le lisse et le vernit, lui donne l'aspect et la douceur du velours, le couvre d'un duvet soyeux ou d'une fourrure. On est étonné à la fois des ressources de la nature vivante, de la simplicité de ses combinaisons et du parti merveilleux qu'elle en tire.

CHAPITRE VI

LA FLORE

Pour se faire une idée juste et complète de la flore en elle-même, comme de la place qu'elle occupe dans la nature, il faut la considérer immédiatement sous sa forme individuelle la plus parfaite : l'arbre. Les espèces inférieures ne sont pas dépourvues de beauté, elles ont leur valeur propre ; mais leurs dimensions exiguës, leurs formes grêles les empêchent souvent de produire autrement que par leur agglomération une vive impression esthétique. L'arbre, au contraire, attire aussitôt l'attention par sa grandeur, sa grosseur, la multiplicité de ses organes.

Et d'abord sa tige se dresse au-dessus du sol. Ce n'est ni une plante rampante, ni une plante grimpante ; il domine la terre qui le nourrit sans s'appuyer sur un autre végétal. Aux yeux des sculpteurs, l'Apollon du Belvédère et l'Apollon Sauroctone représentent les formes élancées et gracieuses, l'Hercule Farnèse la force puissante et ramassée sur elle-même, la vigueur concentrée. Parmi les plantes aussi, nous rencontrons des différences de structure analogues à celles qui nous frappent dans le domaine des arts. Le palmier au tronc svelte, le baobab, épais comme une tour et de taille à braver les tornades, éveillent des idées semblables à celles que symbolisent l'Hercule et l'Apollon. C'est la grâce et la force, telles que la nature les a conçues et réalisées dans le règne végétal.

Tantôt le tronc, rond, lisse et léger, ressemble à une colonne corinthienne ; tantôt il est lourd, noueux et tordu sur lui-même. Il y a des arbres qui portent bien haut leur cime dans les airs ; d'autres ne dressent qu'une tige modeste. Le tronc est revêtu d'une écorce dont la forme et la couleur changent d'une espèce à l'autre. Quelquefois elle est lisse et blanche, parfois rugueuse et rougeâtre, creusée de sillons irréguliers.

Le tronc supporte les branches ; mais, selon les espèces, elles en sortent de façon tout à fait diverse. Certains arbres, comme les séquoias, poussent des branches au ras du sol, tandis que d'autres portent de préférence une couronne de rameaux ; entre ces deux extrêmes, il y a place pour une foule de variétés qui se multiplient encore d'un individu à l'autre. Les branches des grands cactus leur donnent l'apparence de gigantesques candélabres. Celles d'un vieux chêne se contournent, s'enchevêtrent de telle manière qu'en les voyant en hiver noires et dégarnies, on pense involontairement à une chevelure énorme et embrouillée.

Mais tout ceci n'est pour ainsi dire que le squelette de l'arbre. Les branches à leur tour se couvrent de feuilles, et ces feuilles sont l'ornement le plus durable de la plante: « Les feuilles sont dentelées, digitées, pointues, lancéolées, scutiformes, cordiformes (Hegel) ». Cette énumération ne dit pas tout encore ; il y a plus de variété dans la nature que dans les formules. Il y a des feuilles en lames d'épée comme celles des yuccas ; les unes, longues et flexibles, sont disposées en éventail, comme celles de certaines espèces de cycadées ; les autres sont énormes et charnues, comme dans le bananier, et se courbent sous leur poids. Il y en a qui sont larges à la base et pointues à l'extrémité, serrées les unes contre les autres de manière à recouvrir totalement la branche, comme dans l'araucaria; d'autres, légères et symétriquement disposées, comme celles de l'acacia. Certaines feuilles sont implantées de côté sur les rameaux, de sorte que l'arbre intercepte le moins possible les rayons du soleil ; l'eucalyptus nous a fait connaître ce curieux phénomène de forêts dont le sous-bois est lumineux. Il y a des feuilles qui sont des pièges à détente ou à trappe (dionées et nepenthes);

les insectes sont impitoyablement capturés et digérés par ces plantes carnivores. Les aiguilles vert sombre des conifères leur forment une parure sévère et triste :

« Quand, après m'être embarqué dans l'un des ports de la mer du Sud, je traversai le Mexique pour revenir en Europe, je fus témoin de l'impression lugubre et de l'anxiété que l'aspect d'une forêt de sapins produisit, près de Chipanzingol, sur l'un de mes compagnons de voyage. Né à Quito, sous l'équateur, il n'avait jamais vu de conifères. Ces arbres lui paraissaient dépourvus de feuilles, et, comme on suivait la direction du nord, il croyait déjà voir dans l'extrême contraction des organes appendiculaires l'effet d'un appauvrissement produit par le voisinage du pôle » (De Humboldt, *Tableaux de la nature*, p. 552).

La couleur de la feuille parcourt toutes les nuances du vert, le gris vert de l'olivier, le vert léger du bouleau, le vert franc du chêne, le vert noirâtre du cèdre ; mais les autres couleurs ne sont pas exclues. Il y a des feuilles rougeâtres, comme celles du hêtre rouge ; d'autres sont marbrées. Parfois la feuille est lisse et nue, parfois elle est garnie de duvet ;

souvent sa teinte est mate, quelquefois elle est lustrée et comme vernie. Les aiguilles des conifères n'ont qu'une nervure longitudinale; mais beaucoup de feuilles de dicotylédones sont ornées d'un multiple et capricieux réseau de nervures. Souvent l'élégance de la feuille consiste surtout dans les échancrures profondes dont elle est pour ainsi dire découpée. D'ailleurs, quelles que soient la couleur et la configuration des feuilles, leur fonction reste la même; elles servent à puiser dans l'atmosphère les gaz nécessaires à la respiration des plantes.

Comment cet organe de respiration va-t-il se transformer en organe de reproduction? La feuille s'altère, elle change de couleur et de forme, et la touffe de feuilles devient fleur. Alors l'arbre atteint le comble de la beauté dont il est susceptible. Le fruit qui paraîtra ensuite appartient surtout à la catégorie de l'utile; la fleur appartient d'abord à la catégorie du beau. Un marronnier chargé de ses bouquets blancs ou roses, un acacia qui laisse pendre ses grappes violettes, nous donnent une idée exacte de la beauté du règne végétal.

La fleur est extraordinairement variée dans ses dimensions, dans ses groupements, dans sa forme, dans sa couleur. Les plus petites ne révèlent nettement leur beauté qu'autant qu'elles sont réunies en masses ; les grandes, comme le lys et la rose, se suffisent pleinement à elles-mêmes. Il y en a de très grandes, ainsi les aristoloches dont se coiffent en guise de chapeau les petits Indiens de la Nouvelle-Grenade ; il y en a même d'énormes. Qui ne connaît aujourd'hui la *Victoria*, que nous a dépeinte d'Orbigny ?

« C'est une des plus belles plantes de l'Amérique. Ses feuilles circulaires, de deux mètres de diamètre, relevées sur leurs bords, vertes en dessus, d'un beau rouge en dessous, sont étendues sur les eaux comme les feuilles du nénuphar de nos marais, et ses magnifiques fleurs rosées ou blanches, d'un tiers de mètre de largeur, présentent un ensemble réellement merveilleux, digne de la végétation grandiose de ces régions. J'avais appris du P. Lacueva et de l'un de mes interprètes qu'en voyant pour la première fois cette plante, le naturaliste Hainck s'était jeté à genoux pour remercier la Providence d'une création aussi remarquable. Rien, en effet, n'est comparable à la haute idée qu'elle donne de la force productive de la végétation » (Alcide d'Orbigny, *Fragment d'un voyage au centre de l'Amérique méridionale*, p. 187 et 188).

Souvent la fleur s'épanouit solitaire sur la plante; c'est une unité qui vaut et qui se soutient par elle-même. Qui n'admire sur le magnolia les larges fleurs blanches parmi les feuilles lustrées? Mais souvent aussi, surtout si elle est petite, elle cherche pour ainsi dire un appui dans la multiplicité de l'inflorescence. Le lilas se couvre de légères pyramides de fleurs, le fuschia s'enveloppe de ses grappes de campanules, le myosotis recourbe son rameau orné d'étoiles bleues, le gynérium élève ses panaches de fleurs argentées, l'yucca son épi chargé de fleurs blanches. Ces bouquets sont le dernier effort du beau dans le domaine de la végétation; tantôt ces groupes affectent des formes assez précises pour donner un moment l'illusion d'une architecture fleurie, ou bien la profusion de l'inflorescence fait mieux ressortir les trésors de fécondité que la nature possède, ou encore le bouquet tranche, plus nettement que la fleur isolée sur le fond vert ou sombre de la plante. Pour qu'une fleur solitaire mérite notre admiration, il faut qu'elle y ait droit par la grâce ou l'originalité de ses couleurs et de sa forme.

Cette forme est régulière ou irrégulière. Elle est régulière, lorsque toutes les pièces florales, calice, corolle, étamine et pistil, sont insérées au même niveau sur le pédicelle; irrégulière, quand ces pièces sont insérées isolément et forment des cycles superposés. La fleur du lin et celle de l'anémone sont régulières ; celles de la violette et du cactus sont irrégulières. On voit par cet exemple que la régularité florale s'accorde parfaitement avec la beauté ; mais peut-être l'irrégularité a-t-elle plus de chance encore de nous plaire, parce qu'alors la plante semble se déployer, s'épanouir plus librement ; elle ne paraît plus assujettie à des lois structurales aussi rigoureuses que celles de la cristallisation. Aussi les fleurs élégantes et bizarres des Orchidées, imitant des formes animales, se sont rapidement répandues dans nos serres.

Ce qui importe, d'ailleurs, plus encore peut-être que la régularité ou l'irrégularité, c'est le nombre des pièces florales, qui varie, comme on sait, d'une espèce à l'autre. Il n'est pas nécessaire que ces pièces soient au complet ; mais il est indispensable qu'elles ne soient pas réduites, comme dans la fleur du saule, à l'étamine ou au pistil, parce qu'alors elles solliciteraient plus que l'attention du naturaliste. Pour enchanter les yeux, il faut que le calice et la corolle se déploient largement. Tout le monde est frappé de la forme élégante du lys, et le jaune d'or de ses étamines relève singulièrement la blancheur des feuilles du calice. Mais si la fleur était réduite aux étamines, on passerait à côté d'elle comme on passe près du platane fleuri. Les fleurs, dans lesquelles chaque pièce florale n'est représentée que par le nombre strict de verticilles, sont plus simples, souvent plus belles ; néanmoins, la surabondance de ces pièces nous plaît, soit que la fleur étale ainsi une sorte de luxe et de richesse, comme la rose dans les feuilles de sa corolle, soit que la transition d'une pièce à l'autre y soit élégamment marquée, comme le passage de la corolle aux étamines dans le nénuphar blanc.

Il est presque inutile d'insister sur la portée de la couleur florale, puisque rien peut-être ne frappe davantage dans les plantes. Les fleurs sont souvent parées de couleurs franches et uniformes, ou à peu près : tels le bleuet et le coquelicot. Souvent aussi se produisent ces dégradations, ces teintes effacées que relèvent des traits plus nets ou des bordures plus foncées. D'autres fleurs sont marbrées, rayées, sillonnées de couleurs vives, couvertes de teintes superposées qui font la gorge de pigeon, glacées d'or ou de pourpre.

Le symbolisme des fleurs, idée très populaire et fort répandue, est en grande partie fondé sur la nature de leur coloration. A cause de sa blancheur le lys est le symbole de la pureté, la fleur des vierges : la rose est le symbole de l'amour à cause de ses teintes ardentes, le myosotis le symbole du souvenir fidèle, parce que son bleu tendre est une couleur douce et un peu sentimentale. Ce symbolisme a même dépassé le cercle des inventions populaires, et les religions lui ont fait bon accueil. Nul n'ignore la place que tient dans le bouddhisme la fleur du lotus bleu. Dans la religion chrétienne, le lys est devenu le symbole de la virginité, la violette celui de la pénitence. Des fleurs, le symbolisme s'est étendu aux feuilles ; ainsi, la palme et le laurier ont été regardés comme des symboles de victoire, le christianisme a si bien adopté la palme qu'il l'a gravée sur les marbres des Catacombes et que, dans les peintures, il l'a mise aux mains des martyrs.

N'oublions pas, d'ailleurs, que la fleur est l'organe de la reproduction. Le mystère de l'embrassement de l'étamine et du pistil dans la fleur hermaphrodite en fait à la lettre le *lectulus floridus* de la fiancée du Cantique (Herder). Quand un arbre ne porte que des fleurs pourvues d'étamines seulement ou de pistil, ou bien lorsque sur le même arbre les fleurs mâles et les fleurs femelles ne s'épanouissent pas en même temps, ce sont les vents et les insectes qui se chargent de transporter la poussière jaune du pollen. La nature sait trouver les plus ingénieux et les plus poétiques moyens de rapprocher les étamines et le pistil ; rien donc d'étonnant que l'on ait chanté les amours de la vallisnérie spirale. La vallisnérie est une plante aquatique qui vit immergée sous les eaux des fleuves, une ondine végétale. Quand la saison est venue, la tige de la fleur femelle se déroule, s'allonge, et la fleur paraît à la surface. En même temps, la fleur mâle, retenue au fond par une tige courte et rigide, brise ses liens, surnage et se livre au courant pour rejoindre l'épouse immobile, l'embrasser et mourir. Alors la spirale se resserre, la fleur femelle se replonge sous les eaux pour y mûrir sa graine et la répandre.

Le parfum même, que beaucoup de fleurs exhalent, sert à rehausser leur beauté. Non pas sans doute qu'une qualité physique, s'adressant à des sens autres que la vue et l'ouïe, puisse appartenir au domaine de l'esthétique. Seuls, les plus élevés ou les moins matériels des sens, ceux qui se rapprochent le plus des facultés de la connaissance et qui fournissent à l'esprit des images, sont compétents pour goûter la beauté physique, et ce qui est perçu par ces sens est seul susceptible de beauté. Mais le parfum des fleurs, suave ou capiteux, subtil ou violent, complète leur beauté, l'achève en lui ajoutant par surcroît une qualité agréable, source de jouissance sensible sans but utilitaire.

Bien que destiné par la nature à d'autres fins, le fruit non plus ne doit pas être négligé; il contribue à la perfection du végétal, il y ajoute un dernier trait. En effet, il est le terme fécond auquel vient aboutir cette longue évolution de la plante; tout, dans le végétal, vise à la production du fruit ou de la graine. C'est la graine ou le fruit qui assure la perpétuité de l'espèce, c'est elle ou lui qui est la cause de nouveaux et magnifiques enfantements. Bien plus, par sa forme ou sa couleur, il mérite souvent d'attirer nos regards. Les pommes d'or du jardin des Hespérides, c'est-à-dire les fruits dorés dont l'oranger couvre ses branches, étaient célèbres dans l'antiquité grecque et avaient pris place dans le mythe des douze travaux d'Hercule. Quiconque a passé sur la Côte d'Azur en la saison heureuse où les oranges et les citrons mûrissent, a pu apprécier le charme que les pommes d'or prêtent à la verdure des arbres.

Toutefois, après avoir analysé et admiré comme il est juste la grâce ou la majesté de l'arbre parfait, on ne peut s'empêcher de convenir qu'il manque quelque chose à la plante solitaire, qu'elle est faite pour l'association. Une forêt de chênes est plus belle qu'un chêne isolé, parce qu'elle répète à l'infini l'effet que produit chacun de ses arbres. Sans doute, nous admirons mieux les détails de structure et d'ornementation d'un arbre solitaire; mais la forêt décore mieux le paysage et couvre d'un vêtement plus ample « les membres nus de la terre (Humboldt) ». Un arbre est une belle unité; la forêt est une collection d'unités qui forme tableau. Il y a une évidente analogie entre des arbres et des colonnes ; or, si une seule colonne bien proportionnée est belle, l'expérience nous fait voir qu'une « forêt de colonnes », comme celle de la grande mosquée de Cordoue, provoque bien plus vivement une surprise, un étonnement admiratif. Une forêt naturelle doit donc exciter une jouissance analogue; comme les colonnes, les arbres se font valoir par le rapprochement, leur groupement forme un ensemble dans lequel les détails, en se fondant, aboutissent à un effet général qui les dépasse. La catégorie de relation joue donc un rôle capital parmi les végétaux.

D'ailleurs, cette accumulation de plantes vigoureuses est un vivant témoignage de la fécondité de la nature ; en coulant à flots de son sein, la vie s'impose à l'admiration des indifférents mêmes ou des distraits, comme un large fleuve captive l'attention de ceux qui passeraient près d'un ruisseau sans le voir. D'ordinaire, les forêts ne se composent pas d'une seule essence végétale. Les arbres se mêlent capricieusement les uns aux autres ; les nuances de leur feuillage et les couleurs diverses de leurs fleurs, leur taille et la disposition de leurs branches, se font mutuellement ressortir ; le vert clair se détache mieux sur le vert sombre, et la variété éclate ainsi dans l'unité du groupe végétal.

« Ici, l'arbre chargé de longues grappes purpurines contraste avec une coupe d'un bleu d'azur ou de l'or le plus pur ; là, une cime blanche comme la neige s'élève près du rose le plus tendre, le tout mélangé d'arbres aux feuilles d'une admirable fraîcheur » (D'Orbigny, *Fragment d'un voyage,* etc. p. 131).

Lorsque les créatures animales sont suffisamment nombreuses, elles donnent aux scènes de la nature un caractère de vivacité et de poésie, de charme ou de grandeur, qu'il serait difficile d'exagérer. Néanmoins, les groupes d'animaux sauvages deviennent plus rares à mesure que s'étend l'aire d'habitation de la race blanche ; les bêtes s'enfuient ou se cachent isolément dans les retraites les plus profondes. Où elles manquent, il faut bien chercher ailleurs le trait distinctif du paysage, au point de vue de la vie; et là même où elles se présentent, le fait est encore trop exceptionnel, trop fugitif pour imprimer au tableau un caractère en quelque sorte définitif et relativement immuable. Les groupes d'animaux vont et viennent, s'arrêtent ou se déplacent, courent, volent ou nagent; bref, ce sont des éléments trop instables pour former le fond du tableau. Eux-mêmes sont des tableaux vivants qui paraissent et qui s'effacent.

C'est donc à la végétation qu'il appartient surtout d'individualiser et de diversifier le paysage. Partout où le sol n'est pas absolument rebelle, elle se montre sous quelqu'un de ses aspects; hors le sable des déserts, il n'y a pas de région qui en soit absolument dépourvue. Même dans les *llanos* stériles du Nouveau Mexique et de l'Arizona, de hauts cactus hérissés d'épines représentent encore le règne végétal, dont les autres productions ont disparu devant la sécheresse croissante. Même sur les rochers sans humus, au delà du cercle polaire, rampent des lichens, c'est-à-dire des algues compliquées de champignons. Par le nombre, la grandeur, la stabilité de leurs masses, les plantes l'emportent en général sur l'autre règne ; bien qu'elles occupent une place inférieure dans l'arbre généalogique de la vie, quoiqu'elles ne jouissent ni du mouvement local, ni de la sensibilité, elles rachètent, par la grâce de leurs formes, les riches couleurs et les élégantes découpures des feuilles et des fleurs, par la variété de leurs espèces et la multiplicité de leurs rejetons, l'absence de tout ce que la nature ne pouvait leur donner sans modifier leur essence.

Les forêts de nos pays sont encore très belles et suffisent à donner le spectacle d'une vie végétale intense, de la solitude riante ou austère. Mais, à vrai dire, elles sont presque toujours trop étriquées, trop bien aménagées, l'artifice du travail humain s'y laisse voir trop ouvertement, pour qu'elles puissent causer une impression profonde de vie sauvage et libre. C'est en Afrique et surtout en Amérique que les plantes, poussant au hasard, se pressant, s'écrasant, s'étouffant, déployant en toute liberté la splendeur de leurs feuillages que personne n'émonde, se dressent en toute vérité comme une vivante barrière entre le domaine de la civilisation et le règne exclusif de la nature.

« A chaque pas, écrit d'Orbigny, j'étais en extase devant les quatre étages distincts de cette magnifique végétation. Des arbres de quatre-vingts à cent mètres d'élévation forment une voûte perpétuelle d'une verdure que parent souvent, des teintes les plus vives, soit les magnifiques fleurs rouges dont quelques arbres sont entièrement couverts, soit les fleurs de la liane dont les branches tombent en chevelure jusqu'à terre, en formant des berceaux. C'est là que de nombreuses espèces de figuiers, de mûriers, de noyers, se mêlent avec une immense quantité d'arbres aux feuilles généralement entières, représentant chacun, par les plantes parasites dont il est couvert, un véritable jardin botanique. Au dessous de ce premier étage et comme protégés par lui, s'élèvent de vingt à trente mètres les troncs grêles et droits de palmiers au feuillage si varié dans ses formes et si utile à l'homme sauvage. Ici les panaches pennés des vinas et des acuñas ou les touffes des autres espèces, qui donnent de nombreuses grappes de fleurs ou de fruits, incessamment courtisées par les oiseaux les plus magnifiques. Plus bas encore, à trois ou quatre mètres au-dessus du sol, croissent d'autres palmiers, bien plus grêles que les premiers, et que renverserait le moindre souffle de vent; mais les aquilons ne peuvent jamais agiter que la cime des géants de la végétation, qui laissent à peine arriver jusqu'à terre quelques rayons du soleil. Il n'est pas jusqu'à ce sol même qui ne soit orné des plantes les plus variées, mélange de fougères élégantes aux feuilles découpées, de petits palmiers à feuilles entières et surtout de lycopodes d'une légèreté extraordinaire. Sous cet ombrage perpétuel, rien n'arrête. On peut en parcourir tous les points sans redouter les épines ni les fourrés. Qui pourrait peindre cet admirable spectacle et les jouissances qu'il fait éprouver? Le voyageur émerveillé se sent transporté, son imagination s'exalte; mais s'il rentre en lui-même, s'il se mesure à l'échelle d'une création si imposante, qu'il se trouve petit ! Combien son orgueil est humilié par la conscience de sa faiblesse, en présence de tant de grandeur ! » (*Fragment d'un voyage*, etc. p. 506-508).

CHAPITRE VI. — LA FLORE

La forêt africaine n'est guère moins puissante; elle est plus obscure et plus malsaine :

« Disant adieu au soleil, nous entrâmes au début de l'étape suivante dans la forêt sinistre de la Mitammba... Les arbres nous versaient toute leur rosée; chaque feuille pleurait sur nous, et de toutes les branches, de toutes les lianes, de toutes les tiges, l'eau nous arrivait en larges gouttes. Au-dessus de nos têtes, des lits de rameaux entrelacés nous cachaient la lumière; nous ne savions pas si le temps était clair ou sombre, ensoleillé ou brumeux; nous marchions au milieu d'un faible crépuscule, celui des climats tempérés une heure après le coucher du soleil. A droite et à gauche, les arbustes du fourré, cette basse classe du monde végétal, s'élevaient à vingt pieds de hauteur. Toutes les plantes, d'une diversité inouïe, qui croissent avec tant de vigueur dans cette ombre tranquille et moite, seraient desséchées par le moindre vent. Mais quelle bourrasque pourrait visiter ces cloîtres ombreux? La tempête a beau mugir au dehors, un calme absolu n'en règne pas moins dans les profondeurs de cet océan de verdure. Continuellement nous descendions dans des tranchées où passent des ruisseaux. Il fallait ensuite grimper l'escarpement de la berge au milieu d'un fourré d'amomes ou de bananiers et de figuiers, emmêlés de tiges grimpantes ou rampantes qui obstruaient le passage... On étouffait; la chaude vapeur du sol remontait visiblement et formait un nuage gris au-dessus de nos têtes ;(Stanley, *A travers le Continent mystérieux*, Tour du Monde, t. XXXVI, p. 108 et 109).

CHAPITRE VII

LA FAUNE

Fixé au sol qui le nourrit, le végétal ne connaît d'autre mouvement que le progrès de sa croissance naturelle. Il fléchit, il est vrai, et ondule au souffle du vent ; mais la cause de cette agitation toute mécanique est extérieure à la plante. Le végétal ne change pas de place, ne bouge pas, ne se remue pas ; il pousse et meurt à l'endroit où la graine a germé. L'animal, au contraire, est doué de mouvement local ; il vole, marche, court, rampe ou nage ; la terre, le ciel et l'eau sont les lieux où s'exerce cette activité. Lorsqu'il ne peut marcher, il se traîne ; lorsqu'il est fixé à quelque fond rocheux, comme des phytozoaires ou certains mollusques, il agite encore ses cils, il étend ou contracte ses tentacules, il ouvre ou ferme les valves de sa coquille. Les fleurs aussi s'ouvrent et se ferment ; mais ces mouvements dépendent de circonstances tout extérieures, telles que la chaleur du soleil ou la fraîcheur de la nuit, tandis que les mouvements de l'animal sont avant tout l'effet d'une cause intrinsèque à l'être vivant.

Du reste, comme pour faire contrepoids à l'impuissance relative des animaux inférieurs, certains vertébrés cumulent la faculté de la marche avec celles du vol et de la natation ; c'est le cas des oiseaux aquatiques. D'autres sont amphibies, se meuvent avec une égale facilité sur la terre ferme et dans les eaux, comme la loutre et le castor. Les oiseaux marchent et volent ; quelques espèces de poissons, comme l'exocet, se soutiennent quelque temps en l'air sur leurs longues nageoires humides.

Mais, d'ordinaire, l'animal est spécialement

adapté à tel ou tel genre de locomotion. L'allure de ces mouvements divers est extrêmement variée selon les espèces, et par suite leur valeur esthétique très différente. Ainsi, le vol de la perdrix est lourd, bruyant, maladroit ; le vol étourdi du hanneton est fréquemment coupé de heurts et de chutes. Au contraire, la frégate est un admirable voilier, l'hirondelle fend l'air avec la rapidité d'une flèche, évite et rase les obstacles sans ralentir sa course. Pour avancer et se soutenir, la plupart des oiseaux ont besoin de multiplier les coups d'aile, et les organes membraneux des hyménoptères s'agitent avec une telle vélocité que l'œil les perd presque de vue ; mais l'aigle et le vautour se balancent et décrivent indéfiniment des cercles sans mouvement perceptible des ailes. Ordinairement, les oiseaux ne s'élèvent pas à de grandes hauteurs ; mais le condor plane au-dessus des sommets des Andes, et quittant soudain l'air glacé des hautes régions, il va s'abattre sur le rivage du Pacifique, traversant ainsi en quelques heures tous les climats.

Les modes de natation ne sont pas moins divers. Les poissons à sole ventrale, comme le turbot, glissent rapidement sur le sable ; l'anguille nage par ondulations latérales, comme le serpent rampe. Les céphalopodes, avec leur appareil propulseur, la langouste et la crevette, d'un coup de queue, font machine en arrière. Les petits poissons frétillent vivement et se servent de leur queue comme d'une godille ; lorsqu'ils se sentent menacés, ils s'élancent en avant par impulsions brusques. Les cétacés rament avec leurs puissantes nageoires, les larves des cirripèdes font vibrer les cils dont elles sont couvertes, et le grand voilier des Indes, qui se laisse balancer à la vague, élève au-dessus des flots son énorme nageoire dorsale qui monte et s'abaisse tour à tour comme la voile d'un navire.

Le saut est la démarche habituelle des petits oiseaux posés à terre, et plusieurs espèces d'insectes et de crustacés ne connaissent guère d'autre genre de progression. Ce genre se retrouve aussi chez des quadrupèdes, tels que le kangourou, et la gerboise ; c'est merveille de voir ces animaux s'élever légèrement avec une aisance gracieuse et rebondir comme une balle élastique aussitôt qu'ils ont touché le sol. La forme générale des kangourous est très bien accommodée à cette allure bondissante : la tête fine, le buste incliné en avant et pourvu de pattes trop courtes, toute la solidité et la force musculaire reportées sur les reins et les cuisses, sur ses longues jambes et la queue qui sert de point d'appui.

Néanmoins, parmi les quadrupèdes comme chez les articulés, le saut est une allure exceptionnelle. A l'exception des cétacés pisciformes, les mammifères marchent, trottent, galopent, courent avec tous les genres de vitesse imaginables, depuis les insectivores lents et lourds jusqu'aux herbivores agiles et aux félins souples comme des couleuvres. La pesanteur de l'allure n'est pas nécessairement opposée à la rapidité de la course ; l'éléphant, le rhinocéros, sont des pachydermes mal dégrossis, massifs, enserrés d'une peau épaisse ;

néanmoins, ils sont susceptibles l'un et l'autre de fournir des vitesses extraordinaires ; l'éléphant, surtout, lorsqu'il s'élance au galop, dévore l'espace comme une locomotive.

En général, les quadrupèdes marchent en allongeant simultanément la patte antérieure droite et la patte postérieure gauche, puis la patte antérieure gauche et la patte postérieure droite; c'est le mode normal de progression. Le cheval au galop frappe presque en même temps le sol de ses deux pieds de derrière et reprend son élan par un effort de la croupe. Certains quadrupèdes, tels que l'ours et la girafe, pratiquent l'amble, c'est-à-dire projettent simultanément les deux pattes d'un même côté ; c'est une allure titubante, pour ainsi dire, et disgracieuse.

Tels sont les modes de locomotion usités chez les animaux, depuis le mouvement vermiculaire du lombric qui s'étire et se contracte, depuis l'onde mobile qui parcourt successivement de la queue à la tête tous les anneaux de la chenille, jusqu'aux mouvements articulés des vertébrés supérieurs. (Cf. Souriau, L'*Esthétique du mouvement*, IIe partie, ch. iv, v et vi).

Mais ce qui relève, bien plus encore que le mouvement, l'animal au-dessus de la plante, c'est la sensibilité, l'instinct, les émotions affectives et les expressions de joie, de tendresse, de colère, par lesquelles il les traduit. Comme le monde inorganique présente parfois les apparences de la vie, de même le végétal semble montrer parfois des traces de sensibilité; mais, en réalité, il ne la possède jamais, parce qu'il ne peut y avoir place pour elle dans un être absolument inconscient. La sensibilité n'existe que dans l'animal, et encore, aux derniers degrés de l'échelle, chez les Spongiaires par exemple, est-elle bien obscure, bien peu saisissable. Mais à mesure que l'on remonte vers les embranchements supérieurs, ses manifestations se précisent et s'accentuent. Les vertébrés et même beaucoup d'annelés donnent des signes indubitables de douleur ou de jouissance. En eux aussi nous observons des traces distinctes d'émotions affectives. L'araignée veille soigneusement sur ses œufs ; il y a des espèces d'arachnides qui portent sur le dos le sac ovigère. La poule aime et défend ses poussins contre des oiseaux rapaces mieux armés qu'elle. Le pinson, le rouge-gorge, manifestent l'amour ou la colère qui les anime par des battements d'aile et des chants, par des cris aigus et des coups de bec. D'ordinaire, la chatte fuit devant le chien ; mais quand elle a un petit chat trop jeune pour fuir avec elle, elle se hérisse et se jette au devant de l'agresseur. Le chien ressent à l'égard de son maître une affection assez désintéressée pour résister souvent à la brutalité et aux mauvais traitements, et il exprime cette affection par les mouvements de sa queue, ses caresses, ses regards. Chez beaucoup de vertébrés, les émotions ont pour principal organe d'expression la voix ; ces animaux savent se plaindre, gémir, pousser des cris de colère ou de joie. Parmi les oiseaux, la faculté d'émettre des sons s'élève jusqu'au chant.

L'instinct est une faculté innée et transmise qui permet à l'animal d'accomplir méthodiquement, sans instruction préalable, certains actes utiles ou nécessaires à la conservation de l'espèce ou des individus. La fable de La Fontaine : *Le chat, le coq et le souriceau*, est très plaisante ; mais, en réalité, jamais un souriceau ne se trompe sur ce qu'il doit craindre d'un chat. Personne n'a enseigné au sphège à creuser dans le sable quelques cellules et à y déposer avec ses œufs des chenilles encore vivantes, paralysées d'un coup d'aiguillon, ni au termite à se construire des cités ouvrières, si solides et si confortables.

« Toutes les termitières, dont j'ai vu l'intérieur, offraient deux compartiments superposés, dans lesquels s'étageaient les cellules. Pour décrire les merveilles de ces résidences, habitées par un peuple innombrable et qui présentent des labyrinthes analogues à ceux des madrépores, le temps et l'espace nous manquent. Il faudrait un volume pour parler avec détails de ces chambres de nourrice, aux cloisons faites en bois mâché et soigneusement pétri ; de ces magasins aux murailles solides que remplissent, dans un ordre parfait, des gâteaux et des pains laborieusement formés avec la cire des plantes, la pruine des fruits et des feuilles ; pour exposer le merveilleux système de canalisation par lequel l'humidité est contrainte d'aller se perdre dans la terre ; pour représenter ces passages, ces rues savamment tracées qui se rejoignent et s'entrecroisent ; ces ponts hardis jetés dans tous les sens ; ces chemins de ronde, ces couloirs qui se rendent aux casemates ; ce réseau de voies souterraines que suivent les fourrageuses ; bien d'autres choses encore dont l'énumération fatiguerait le lecteur et dont l'étude complète demanderait une vie entière : si savante et si riche est l'organisation de ces royaumes électifs » (Schweinfurth, *Au cœur de l'Afrique*, t. I. p. 327 et 328).

Certes, tout ceci est merveilleux et nous donne une haute idée de l'instinct animal ; et cependant les animaux ont quelque chose encore de plus que l'instinct. La raison spéculative, la faculté de concevoir des idées générales, c'est l'apanage de l'esprit, et il serait absurde de les chercher dans l'âme des bêtes. Mais la faculté plus modeste de faire des raisonnements rudimentaires et purement pratiques, voilà ce qu'on ne peut sans erreur refuser aux animaux, du moins à beaucoup d'entre eux. On a constaté que des abeilles, victimes des ravages du sphinx atropos, avaient masqué l'entrée de la ruche par un petit mur de cire, en ayant soin de laisser une ouverture suffisante pour elles. Un singe, à qui l'on donnait chaque jour un morceau de sucre enveloppé de papier, ouvrit imprudemment un cornet dans lequel était emprisonnée une guêpe qui le piqua; à partir de ce jour, quand on lui tendait le papier au sucre, il le prenait avec précaution, l'approchait de son oreille et le secouait avant de l'ouvrir, c'est-à-dire qu'il se comportait comme pourrait le faire un enfant qu'on aurait trompé et qui se tiendrait désormais sur ses gardes. Pour échapper aux poursuites impitoyables et stupides dont ils sont l'objet, les castors du Rhône ont modifié leurs habitudes traditionnelles et se sont creusé dans les berges du fleuve des terriers dont l'ouverture donne sous l'eau.

Parmi les naturalistes, les uns regardent l'instinct comme une faculté spéciale, distincte de l'intelligence et destinée à suppléer l'expérience. D'autres le considèrent comme le fruit de tâtonnements préalables, comme une habitude acquise et transmise par hérédité. Aux âges primitifs de la terre, les insectes, par exemple, qui ne vivent maintenant qu'une saison, échappaient aux influences destructrices de l'hiver ou de la saison des pluies ; ils perfectionnaient peu à peu par l'épreuve de l'expérience la manière de faire leur nid et de préparer la nourriture des larves, et l'enseignaient par l'exemple à leurs successeurs ; quand les climats se furent définitivement établis, l'habitude se trouva si bien prise qu'elle se transmit héréditairement ; les insectes, qui ne voyaient plus leurs parents agir sous leurs yeux, continuèrent à pratiquer par habitude héréditaire ce que les anciens de leur race avaient choisi comme le mode le meilleur d'en assurer la perpétuité. Ainsi l'instinct se relierait à la faculté de juger et de produire des raisonnements pratiques, et l'on comprendrait pourquoi, lorsque les circonstances extérieures changent notablement, l'instinct fait preuve d'une plasticité assez grande pour se plier à ces modifications.

L'animal l'emporte donc sur le végétal, et dès lors il est tout naturel que, pour accomplir des fonctions vitales très analogues à celles des plantes, il ait besoin d'organes plus parfaits.

La plante respire, l'animal respire aussi. Aux degrés inférieurs du règne, il absorbe directement, par la surface de son corps, l'air dont il a besoin, à peu près comme font les feuilles dans les végétaux. Les insectes respirent par des stigmates, c'est-à-dire par de petites ouvertures dispersées sur le corps. Les poissons ont des branchies qui s'emparent de l'air que l'eau tient en dissolution. Les oiseaux et les mammifères l'aspirent par des organes spéciaux et le mettent en contact avec le sang qu'il purifie. La respiration est donc en relation intime avec la fonction de circulation ; le sang est le liquide nourricier qui baigne les parties internes et les renouvelle, comme la sève circule dans la plante et va porter la vie avec la nourriture jusqu'aux extrémités des feuilles. Mais l'appareil circulatoire se perfectionne sans cesse d'un embranchement à l'autre ; chez les oiseaux et les mammifères, il atteint son maximum de délicatesse et d'énergie. Le cœur, qui règle en eux la circulation, est un organe noble, protégé par une enveloppe spéciale et logé dans la poitrine ; ses pulsations lancent le sang dans des conduits artériels qui le transmettent à toutes les parties du corps, tandis que les canaux veineux le ramènent aux poumons.

Comme la plante, l'animal se nourrit. Mais celle-là puise directement dans le sol les sucs dont elle a besoin, tandis que les animaux ne peuvent ni conserver, ni développer leurs forces au moyen d'une nourriture d'origine minérale. Ces produits du sol, qui suffisent à la plante, doivent subir la transmutation vitale, pour être aptes à entretenir en eux la vie animale. C'est pourquoi ils sont au moins herbivores, c'est-à-dire que les éléments minéraux doivent d'abord être élevés jusqu'au stade de la transformation végétale ; seuls, les êtres les plus inférieurs du règne pourraient les utiliser sous leur forme brute. Souvent même l'animal est organisé pour la guerre de races ; alors c'est la chair et le sang qui le nourrissent.

La plante se propage, l'animal se reproduit. Chez les protozoaires, la reproduction se fait par bourgeonnement, à la manière des plantes, ou par division, comme des boutures naturelles. Les annélides et les helminthes sont hermaphrodites ; les animaux supérieurs sont tous ovipares ou vivipares. Quand on veut faire comprendre et admirer à un enfant l'étrange beauté de la nature et la merveilleuse diversité de ses moyens, qu'on recueille une chenille, qu'on lui montre sa transformation en chrysalide et comment, de cette chrysalide, lourde et laide, sort un papillon ailé. Aucune leçon ne vaut cette démonstration expérimentale.

S'il était possible d'entrer ici dans des détails, que l'on jugerait peut-être plutôt zoologiques que philosophiques, cette richesse de moyens et cette souplesse dans la mise en œuvre apparaîtraient bien mieux encore. La nature travaille sur quelques idées très générales, qui se réalisent plus ou moins dans tous les êtres vivants. Mais sur ce fond elle brode les plus capricieuses arabesques, au point que la complication du dessin nous fait parfois perdre de vue la simplicité de la trame.

Jusqu'à présent, je me suis borné à noter la supériorité physiologique et pour ainsi dire psychique de l'animal sur la plante. Il est temps d'examiner les animaux en eux-mêmes, et pour juger de leur valeur esthétique sans tomber dans des descriptions infinies, il est nécessaire de faire choix de quelques types plus frappants, dont les autres ne sont pour ainsi dire que des ébauches ou des dégradations. Ce procédé permettra d'éliminer les embranchements inférieurs tels que les zoophytes et les mollusques. La beauté très réelle de certains zoophytes, par exemple des anémones de mer, diffère peu de celle que nous avons admirée dans les fleurs : des formes rayonnées et épanouies, des couleurs délicates ou brillantes. Les mollusques ont des contours indécis et flasques, qui ne laissent guère reconnaître en eux que la beauté ontologique, c'est-à-dire celle que le fait même de l'existence assure aux êtres les plus imparfaits. Souvent, il est vrai, leurs coquilles ont des formes agréables à voir ou de magnifiques incrustations nacrées ; mais, en somme, ces sécrétions calcaires rappellent plus encore le règne minéral que le règne animal. Le type par excellence de ces sécrétions est la perle, qui ne fait plus partie de la substance de l'huître perlière.

Toutefois, avant d'abandonner ces embranchements, il importe de remarquer à quel point leur existence introduit dans la nature la notion d'ordre. Si la nature avait aussitôt passé des plantes aux embranchements supérieurs, notamment aux vertébrés, une interruption brusque, une lacune énorme aurait séparé l'animal du végétal. Au contraire, la transition s'opère d'une manière presque insensible, si douce que longtemps on s'est demandé à quel règne il fallait, par exemple, rattacher les éponges ; et tous ces doutes, toutes ces hésitations sont si loin d'avoir disparu de la science que Hæckel a proposé l'établissement d'un ordre des *Protistes*, auquel on rapporterait tous les êtres intermédiaires. Cette proposition ne pouvait être acceptée, parce que tout être vivant est en lui-même animal ou plante ; l'incertitude est dans l'esprit du naturaliste ou du philosophe ; par suite, elle ne saurait être une raison suffisante de classification ; mais elle n'en montre pas moins avec quel scrupule la nature a évité le passage abrupt d'un règne à l'autre. La suppression des embranchements inférieurs eût été un désordre, parce qu'il s'en fût suivi la juxtaposition d'éléments disparates. Pour garder l'ordre, il fallait mettre entre les végétaux et les vertébrés une série d'êtres dont les premiers anneaux se rattachassent aux plantes et les derniers aux animaux supérieurs. A ce prix seulement, il y a de l'ordre dans la nature ; chaque chose est à sa place et à son rang ; les êtres vivants entretiennent des relations normales avec ceux qui les précèdent et ceux qui les suivent. Mais l'ordre est précisément un des facteurs de la beauté, car il prépare et garantit l'unité formelle de l'être. Où règne le désordre, il n'y a plus qu'unité factice dans une cohue réelle d'éléments. C'est l'ordre qui tempère et modère toute chose, mettant chaque être à la place que la nature lui assigne, et faisant de l'ensemble un tout régulier.

Au point de vue esthétique, les types les plus remarquables du règne animal sont le papillon, l'oiseau, le mammifère. En effet, dans les tableaux les plus parfaits que des voyageurs artistes nous aient laissés de la nature sauvage, ce sont bien eux qui occupent le premier plan. Le reptile se cache ou s'enfuit, et d'ailleurs l'apparition de cet être rampant et redoutable excite en nous un sentiment de répulsion et d'effroi qui s'accorde mal avec l'admiration. Le poisson ne plaît que lorsqu'il se joue dans les eaux, parce que ses formes allongées et son museau pointu s'expliquent alors visiblement par la nature du milieu où il vit et les nécessités de la natation. Et en effet, il a été créé si essentiellement pour vivre dans la mer ou dans les fleuves que, hors de l'eau, il est réduit à une immobilité relative et à la mort.

Mais, dans son élément naturel, il échappe trop souvent aux regards, soit qu'il se réfugie dans les fonds, soit qu'il se dérobe parmi les herbes et les goëmons ; si on l'en retire tout palpitant, il n'attire plus guère que par la singularité de ses formes et la vivacité de ses couleurs, souvent très remarquables, moins belles pourtant et moins variées que celles de l'oiseau et du papillon.

Parmi tous les êtres vivants, nul ne paraît à l'imagination aussi essentiellement lié que le papillon à l'idée d'aile et de vol. Le corps du papillon est relativement très petit, sauf quelques exceptions, et c'est surtout dans les espèces géantes que cette disproportion est sensible : mais elle ne choque pas, parce que l'aile nous semble la chose principale et que le corps est ordinairement très modeste, souvent noir, et les formes n'en sont pas plus élégantes que celles de la plupart des annelés ; même certains coléoptères et hyménoptères l'emportent à cet égard sur le papillon. Au contraire les ailes sont toujours peintes de couleurs plus vives et mieux nuancées. Des reflets d'or ou d'argent, de cuivre rouge ou de bronze vert, de velours ou de satin, chatoient sur ces organes délicatement découpés qui frémissent pendant le vol et qui s'étalent au repos. Les fines plumes qui les ornent y décrivent des dessins, tantôt des figures géométriques, tantôt des bandes sinueuses ou des yeux resplendissants. Parfois la couleur est si vive qu'on dirait un métal poli : lorsque le *Morpho Cypris* passe rapidement au soleil, on croit voir luire un éclair bleu. D'autres (*Urania*) ont des ailes d'un vert doré traversé de bandes obscures, d'autres portent des chevrons brisés en vieil or sur un fond de velours sombre. Certaines ailes de papillon imitent la forme d'une voile déployée, d'autres sont ornées à leur bordure inférieure d'élégants appendices qui les font ressembler à une queue d'hirondelle. Les unes sont dentelées, les autres terminées en pointe ou arrondies. Quelques-unes portent sur leur revers les plus beaux ornements, des taches aux couleurs adoucies et comme voilées, des moussures très fines d'un vert tendre.

De cette prépondérance presque exclusive des organes du vol, il résulte que, pour nous, le vol est comme l'état normal du papillon. Au repos, les ailes relevées, il cache ce que nous admirons en lui ; mais lorsqu'il s'ébat joyeusement au soleil, il rivalise d'éclat avec les fleurs autour desquelles il aime à se jouer. Lui-même est une fleur vivante, qui unit la légèreté de mouvement à l'élégance plastique des calices ou des corolles. Le vol des petits papillons manque assez souvent d'aisance ; celui des sphinx et des bombyx nocturnes est lourd et bourdonnant ; mais les grands papillons de jour volent sans bruit et sans effort, ils savent décrire des courbes gracieuses, se balancer les ailes déployées et immobiles ou précipiter follement la vitesse de leur allure.

Le vol n'est guère moins familier à l'oiseau qu'au papillon ; mais, au point de vue de la structure générale, l'aile perd de son importance, elle n'est plus ici qu'un instrument. Le corps est si bien développé, ses formes effilées sont si gracieuses et ce qu'il pourrait avoir de trop frêle est si bien dissimulé par les plumes du cou et les pennes de la queue, que l'attention se porte naturellement sur lui. La tête bien détachée, souvent surmontée d'une crête ou d'une huppe, est animée par des yeux vifs dont l'expression varie selon les sentiments qu'éprouve l'animal. Quelle différence avec l'œil à facettes du papillon qui ne change jamais et n'exprime rien ! Par sa forme, sa longueur, sa courbure, le bec corné contribue à donner à la tête de l'oiseau sa physionomie spéciale. Le corps du papillon est composé d'anneaux de chitine, et il garde une vague ressemblance avec la chenille dont il est issu ; trois paires de pattes grêles et fragiles sortent du thorax. Au contraire, l'ossature solide de l'oiseau est revêtue de chair et de plumes ;

elle repose sur deux pattes, de grosseur et de longueur très variables, qui rendent en général la marche aisée et facile ; les petits oiseaux sautillent légèrement, les oiseaux à longues pattes sont souvent d'excellents coureurs. Les doigts des oiseaux aquatiques sont unis par des membranes qui en font des organes de natation ; d'autres sont armés à leurs extrémités de serres redoutables qui décèlent la bête de proie. Au lieu de n'être qu'une plaque cornée, sillonnée de nervures et saupoudrée de poussières brillantes, l'aile est formée d'une série d'os qui s'emboîtent, de longues pennes terminales et d'une couverture serrée de plumes ; ces plumes, composées d'un léger tuyau et de barbes fines, se soulèvent, se hérissent, s'abaissent à volonté. Leurs couleurs, ordinairement grises et ternes dans nos contrées, sont magnifiques dans les pays intertropicaux, et comme l'oiseau est de structure plus compliquée que le papillon, comme chacune de ses plumes forme un tout, la nature s'est donné libre carrière pour l'orner. Les plumes blanches et frisées de l'autruche, la parure éclatante des faisans et des paons, le flot de plumes soyeuses qui s'échappe des flancs et de la queue du paradisier, l'élégance suprême des pennes caudales de l'oiseau-lyre, tout cela l'emporte sans aucun doute sur les découpures les plus originales et les plus éblouissantes couleurs des papillons. C'est plus beau, parce que c'est plus grand sans exagération, plus compliqué sans surcharge, plus varié et plus changeant. Il est difficile d'imaginer des teintes plus parfaites que la pourpre dorée et l'azur métallique qui chatoient sur la poitrine du lophophore resplendissant ; c'est le triomphe de la couleur.

Mais l'oiseau jouit d'un autre privilège : c'est un chanteur. Dans l'ordre de l'esthétique naturelle, il représente la musique ; c'est lui qui donne des concerts de jour et de nuit. D'autres animaux crient, aboient, rugissent ; l'oiseau chante. Le grand virtuose de la nuit, c'est le rossignol qui prélude, vers onze heures du soir, à ses chants et qui les poursuit jusqu'à l'aurore :

« Le pinson, l'alouette, la linotte, le serin jasent et babillent tant que le jour dure ; le soleil couché, ils fourrent leur tête sous l'aile, et les voilà endormis. C'est alors que le génie prend sa lampe et l'allume, et que l'oiseau solitaire, sauvage, inapprivoisable, brun et triste de plumage, commence son chant, fait retentir le bocage et rompt mélodieusement le silence et les ténèbres de la nuit » (Diderot).

La puissance de sa voix est extraordinaire : elle remplit une sphère de seize cents mètres de rayon. Mais ce qui est encore plus étonnant que cette force, c'est l'étendue, la flexibilité, la prodigieuse variété, l'harmonie enfin de son chant. Tantôt le rossignol prélude par une strophe, composée seulement de deux ou trois tons mélancoliques, qu'il traîne et prolonge à demi-voix pendant des minutes entières ; puis le son monte en un superbe crescendo jusqu'au plus haut degré d'intensité, et il expire sur une série de notes étouffées et mourantes. Tantôt son chant est une suite rapide de sons plus éclatants et très purs, terminés par quelques tons détachés d'un accord ascendant. Ce chant est tantôt vif, passionné, irrésistible, tantôt doux, rêveur, attristé; bref, le rossignol est le plus complet et le plus parfait de nos musiciens. On écoute avec plaisir la jolie chanson de la fauvette des bois ; mais comment serait-il possible de la comparer sérieusement à celle du rossignol, dans laquelle on peut compter jusqu'à vingt-quatre strophes ou couplets différents, sans parler de toutes ses variations fines et délicates?

Au point du jour, *l'organiste*, qui vit dans les montagnes du Sud Amérique, salue l'aurore de ses chants; les gammes chromatiques les plus douces, la modulation des sons les plus purs et les plus étendus s'y succèdent rapidement. C'est l'oiseau chanteur par excellence dans les forêts de l'Amérique méridionale. En écoutant le *pipiri* de l'île d'Haïti, qui n'est pas inférieur à notre rossignol, on comprend à quel point de perfection la nature a porté l'art musical. A première audition, le chant du *musicien*, composé de trois notes ou de sept, ressemble à s'y méprendre au tintement d'une clochette d'argent au fond des bois. La voix claire, sonore, harmonieuse de l'oiseau moqueur parcourt une gamme très étendue; mais ce qui frappe surtout en elle, c'est la propriété unique d'imiter tous les sons et tous les bruits, y compris la voix humaine, et de broder des variations à l'infini sur un thème donné. C'est un compositeur inépuisable; aussi les ornithologistes ont-ils créé pour lui le genre Orphée.

Rien de plus curieux que l'allure des oiseaux à la saison des amours. Le mâle se pavane devant la femelle, tourne autour d'elle avec des airs vainqueurs, chante les plus beaux couplets de son répertoire, s'il a une belle voix, étale son plumage, s'il est brillant, et fait la roue. Qu'un autre mâle ose s'approcher, voilà la querelle qui commence et la lutte qui s'engage; les coups de bec et les coups d'aile pleuvent de part et d'autre et le combat ne prend fin que par la défaite ou la fuite de l'un des adversaires. Quant au mâle qui a été agréé, il reste au service de la femelle pendant tout l'été, et d'abord il l'aide à construire son nid, car l'oiseau est aussi architecte. Mais en même temps qu'architecte, il se révèle tapissier, maçon, plâtrier, tisserand. L'hirondelle gâche de la terre détrempée ; le roitelet court la campagne, il recueille des mousses, des aigrettes de chardon, des crins de cheval, pour fabriquer le nid arrondi et percé d'un trou latéral où la femelle dépose quelques œufs gros comme des pois. Ces nids, soigneusement tassés et dont les matériaux sont solidement entrelacés, deviennent de petites chambres ouatées à l'intérieur et très chaudes, des salles d'incubation où la nature opère une fois de plus le mystérieux phénomène de la vie.

« Le nid de l'oiseau-mouche à gorge de rubis est de la nature la plus délicate. L'extérieur se compose d'une légère couche de lichen gris, trouvé sur les branches d'arbres ou sur de vieilles palissades et si proprement arrangé tout alentour, qu'à quelque distance il paraît faire partie de la branche même ou de la tige à laquelle il est attaché. Ces petites écailles de lichen ont été agglutinées ensemble avec la salive de l'oiseau. La couche qui vient ensuite est formée de substances cotonneuses, et la plus intérieure, de fibres comme de la soie provenant de diverses plantes, toutes extrêmement fines et moelleuses. Sur ce lit si confortable et si doux, la femelle dépose deux œufs seulement qui sont d'un blanc pur et d'une forme ovale très prononcée. Il ne faut que six jours pour leur éclosion, et chaque couple élève par saison deux couvées » (Audubon, *Scènes de la nature dans les États-Unis et le nord de l'Amérique*, t. I, p. 103).

Pendant que la femelle couve, le mâle va chercher et rapporte au nid la nourriture qui lui est nécessaire, ou bien il prend sa place afin qu'elle pourvoie elle-même à ses besoins. Quand les petits sont éclos, les parents les soignent avec amour, les nourrissent de graines ou d'insectes, les réchauffent, les défendent avec le plus grand courage contre les ennemis qui les menacent, les excitent doucement à voler. Ainsi les oiseaux sont capables de s'apparier en vue d'un but commun; ils ont des sentiments rudimentaires qui ressemblent fort à l'amour, à la jalousie, à la tendresse maternelle, et ces sentiments sont si puissants et si impérieux qu'ils vont jusqu'à risquer leur vie ou leur repos pour leur donner satisfaction.

Quand, du point de vue où nous sommes placés, on compare le mammifère à l'oiseau, on est tenté de préférer le second. L'oiseau est le roi des airs, et, sauf d'assez rares exceptions, le mammifère vit prosaïquement sur la terre ferme. L'oiseau est plus léger, plus élégant, ses couleurs sont plus riches. Néanmoins, en serrant de plus près la question, on s'aperçoit que le mammifère marque un progrès sur l'oiseau. En effet, par ses formes extérieures et son organisation physiologique, il se rapproche davantage de celui qui est le roi de la création et en qui habite l'esprit ; sa femelle met bas des petits qui sont vivants et déjà doués de sensibilité, elle les nourrit de sa substance, transformée et appropriée à la délicatesse de leur estomac. Le sentiment n'est pas moins vif dans le mammifère que dans l'oiseau, il l'est même davantage, et pour peindre le courage désespéré d'une mère qui défend ses enfants, les poètes n'ont pas trouvé d'image plus expressive que la lionne entourée de ses lionceaux et attaquée par des chasseurs. Bien des oiseaux s'apprivoisent et deviennent très familiers ; mais ils sympathisent peu avec l'homme, ils n'éprouvent pas à son égard cette vivacité d'affection, si remarquable chez certains mammifères ; on ne voit pas chez eux cette faculté de se lier d'amitié avec un être absolument supérieur et de partager sa bonne ou sa mauvaise fortune. On ne les voit pas davantage aimer et reconnaître entre mille le maître qui les nourrit, s'exposer au danger et se sacrifier, au besoin, pour lui ; et, à vrai dire, cette perfection du sentiment n'est l'apanage que d'un petit nombre d'espèces de mammifères : le chien d'abord, puis, à un degré inférieur, le cheval, l'éléphant, etc. Enfin l'oiseau n'est susceptible que d'une instruction tout à fait rudimentaire, tandis que beaucoup de mammifères sont capables de se plier à un dressage savant et compliqué.

A l'exception des mammifères marins qui sont pisciformes, leur structure se confond avec celle des quadrupèdes: un corps velu, massif ou léger, grand ou petit, soutenu par quatre pattes, de grosseur et de longueur variables ; une tête continuant le plan horizontal du dos ou portée sur un cou plus ou moins élevé ; une queue garnie de longs poils ou terminée par une touffe. La tête mérite une mention spéciale; c'est la partie par laquelle le mammifère se rapproche le plus de l'homme. Les yeux ne sont plus nécessairement placés sur les côtés de la tête, ils peuvent l'être sur la face même, de sorte qu'en fixant l'animal on saisit tout son regard. La mâchoire est armée de dents, dont la conformation dépend du genre de nourriture ; les dents aiguës des carnivores, que ces animaux découvrent dans la colère en contractant les lèvres, contribuent largement à leur expression de férocité; au contraire, les dents plates ou mamelonnées des herbivores leur donnent un air bénin et inoffensif. L'oreille est pleinement développée ; le nez, les lèvres et, chez bon nombre d'espèces, la moustache achèvent de donner à la physionomie son expression. Ce qui reste encore de plus animal dans cette tête, ce sont les oreilles et le nez. Le nez est un organe très simplifié extérieurement, aplati et percé de deux trous ; très souvent l'existence d'un museau allongé dissimule la ligne nasale qui part du front entre les deux yeux et se prolonge jusqu'à l'extrémité de l'organe. De plus, l'oreille, mobile et pointue, se lève ou s'abaisse, se tourne d'un côté ou de l'autre pour mieux saisir les bruits lointains ; en certaines espèces, elle est large et flottante ; dans tous les cas, elle a un caractère bestial.

Il y a des mammifères de toute taille, depuis la petite musaraigne jusqu'à l'éléphant et à la baleine. Leurs couleurs sont moins vives, que celles des oiseaux ; mais le pelage et la fourrure sont souvent d'une teinte exquise et d'une finesse admirable ; la peau du tigre, striée de bandes obscures sur fond clair, celle du jaguar, ocellée de taches noires, relèvent singulièrement la beauté de leurs formes. Les proportions sont très variables. Brehm a dit, et tout le monde répète, que les gazelles ont « une utilité esthétique »; et en effet, sans ces animaux où tout concourt à manifester l'agilité bondissante, les pattes grêles, le corps gracile, le cou mince, la tête fine, nous ignorerions à quel point la nature sait pousser l'expression de la légèreté gracieuse. Les grands pachydermes sont les derniers représentants de cette faune colossale que les forêts tertiaires virent errer sous leurs ombrages; leurs formes excentriques et mal dégrossies, la tête énorme de l'éléphant avec ses oreilles pendantes, ses défenses et sa trompe mobile, le corps cuirassé et le museau cornu du rhinocéros, la masse difforme de l'hippopotame et cette gueule formidablement armée qui s'ouvre comme un gouffre, tout cela ferait de ce groupe le plus étonnant assemblage de monstres si la baleine et le cachalot ne sillonnaient encore les flots de l'océan. Les grands félins sont la vivante image de la souplesse redoutable dans la force. Quant au lion, il représente la force plus encore que la souplesse; rien n'est plus beau dans le règne animal que ce corps puissant, de couleur fauve uni, porté sur quatre membres qui ne sont ni grêles, ni massifs, cette tête attachée au tronc par un cou robuste et légèrement rejetée en arrière, cette large face encadrée d'une crinière flottante et que n'agite pas le rictus du tigre, cet œil farouche, mais non cruel. La vigueur du lion se devine même au repos, dans le solide assemblage de ses membres un peu ramassés, sur lesquels les muscles font saillie ; le sentiment de la sécurité dans la force paraît dans ses poses et dans son allure, et lorsqu'il bâille, étendu au soleil, il montre négligemment la formidable mâchoire et les dents aiguës, qui le rendent terrible sans le défigurer par l'expression de la férocité. La basse profonde de sa voix est en parfaite harmonie avec la majesté de son attitude et les lieux déserts qu'il habite.

La catégorie de relation, qui produit des résultats si étonnants dans le monde végétal, n'est pas moins féconde ici en oppositions inattendues, en rapprochements qui décuplent l'effet. Schweinfurth raconte que les papillons de l'Afrique centrale ne sont en général ni plus grands ni plus beaux que les papillons d'Europe :

« Mais, réunis, ils présentaient un ensemble d'une grande beauté. La rosée ne suffisant pas à calmer leur soif, ils se rassemblaient en foules bigarrées autour des mares pour humer le précieux liquide. Si nombreux et si pressés étaient les buveurs que d'un seul coup de filet j'en pouvais prendre une centaine. Ils continuèrent à former de ces essaims jusque dans les premiers jours de juillet ; à cette époque je les vis se jeter en masse au milieu du feuillage, donnant ainsi aux branches l'apparence d'une floraison multicolore, ou bien s'abattre sur les rochers qu'ils faisaient ressembler à des prairies émaillées de fleurs » (*Au cœur de l'Afrique*, t. I. p. 195).

Livingstone, explorant l'Afrique australe, rencontra sur la rive gauche du Kafoné, affluent du Zambèse, des troupes de grands animaux :

« Des centaines de zèbres et de buffles paissent au milieu des clairières, de nombreux éléphants pâturent et ne paraissent mouvoir que leurs trompes. Je voudrais être à même de photographier ce tableau qui disparaîtra devant les armes à feu et qui s'effacera de la terre avant que personne l'ait contemplé. Tous ces animaux sont d'une extrême confiance; nous voilà descendus de la montagne, et les éléphants, arrêtés sous les arbres, s'éventent de leurs grandes oreilles comme si nous n'étions pas à deux cents mètres de l'endroit où ils se trouvent ; de grands sangliers fauves nous regardent avec surprise, et leur nombre est immense. La quantité d'animaux qui couvrent la plaine tient du prodige ; il me semble être à l'époque où le mégathérium paissait tranquillement au sein des forêts primitives » (*Afrique australe*, Tour du monde, t. XIII, p. 60).

Il serait facile de multiplier ces citations ; mais celles qu'on vient de lire suffisent à mettre en lumière ce fait, que le rapprochement des êtres est, comme dans le règne végétal, la source d'une beauté nouvelle, et que cette beauté née de l'ensemble rejaillit sur chacun d'eux. Les voyageurs, qui ont vu la nature sous ses aspects les plus grandioses, qui l'ont le mieux comprise et admirée, sont d'accord pour le constater. Le fait est donc certain ; il reste à en chercher les causes.

La raison première de notre admiration, c'est la diversité des formes et des couleurs et les contrastes qui en résultent. Si l'on nous montre un bengali ou un cardinal, nous nous plaisons à regarder le bec rouge du bengali, le bleu clair de ses joues et de son jabot, le croissant incarnat qu'il porte au dessous de l'œil, l'élégance et la vivacité de son petit corps ; nous admirons le plumage empourpré du cardinal. Mais si ces oiseaux et beaucoup d'autres sont réunis dans une grande volière, le coup d'œil devient enchanteur, parce que les couleurs tranchent les unes sur les autres et que les diversités de taille et de physionomie ressortent mieux par le contraste.

Mais il est impossible de se borner à cette première raison ; autrement une branche d'oiseaux empaillés présenterait un spectacle aussi beau qu'une volière. Le motif principal, c'est la splendeur de la vie animale qui se déploie en ces associations d'êtres, dont les mouvements agiles, les jeux, les combats, les chants, nous font voir à l'œuvre l'activité de la nature. C'est pourquoi les grands troupeaux de bisons, qui paissaient dans les savanes de l'Amérique du Nord avant que des chasseurs stupides n'exterminassent cette belle race, offraient un spectacle magnifique, bien qu'une seule espèce animale fît tous les frais du tableau ; la grandeur, la force, l'aspect farouche de ces bisons contribuaient largement à sa beauté, mais leur nombre et leur réunion multipliaient l'énergie de l'impression, en peignant vivement aux yeux l'exubérante pullulation de la vie dans les solitudes. L'ordre et la discipline qui régnaient dans ces troupeaux causaient au spectateur un sentiment de satisfaction véritable, analogue à celui que nous éprouvons en suivant des yeux une bande d'oiseaux migrateurs avec son chef de file qui montre la route aux jeunes.

Lorsqu'il s'agit d'animaux étrangers à nos climats, la curiosité de l'*exotisme* s'ajoute à l'admiration que nous ressentons, elle en relève la saveur. En regardant une panthère ou un ours blanc captif, bien des hommes évoquent naturellement l'image des vertes forêts tropicales ou des lointains glacés d'où ces animaux sont venus, et c'est certainement l'un des motifs qui attirent tant de personnes devant leurs cages ; cela fait songer aux contrées que brûle le soleil équatorial ou que glace la nuit polaire, aux pays étranges qu'on a vus peut-être ou que l'on verra, qu'on nourrit en tout cas le désir de voir. Mais tout cela n'est rien auprès de l'impression qui assaille le voyageur, lorsqu'il contemple pour la première fois ces animaux errant dans toute la fierté de leur liberté sauvage. Qui a vu défiler sous ses yeux une harde d'éléphants dans une forêt de l'Inde, comprend alors toute la puissance de la faune exotique pour caractériser un paysage, ou mieux, tout un pays. On se sent vraiment transporté sur une terre étrangère, dans un milieu nouveau qu'on ignorait, qu'on ne connaissait que par ouï-dire et sans cette sensation, que rien ne remplace, de l'expérience personnelle. Ce spectacle laisse dans l'âme un souvenir ineffaçable, et c'est pourquoi, en dépit du danger, des voyageurs, qui s'intéressent peu aux études ethnologiques ou physiques, vont chercher des émotions nouvelles dans cette contemplation des merveilles de la nature.

Ces tableaux de la création, mobiles comme la vie, changent d'ailleurs à toutes les heures du jour et de la nuit. Ce ne sont plus des images, des décors magnifiques, mais un peu froids, comme le spectacle que nous offre le monde des plantes. Ce sont de vrais drames, où les cris de joie, les chants, les gémissements des acteurs accompagnent incessamment l'action. Durant les mois d'été, nous écoutons avec ravissement, aux heures chaudes du jour, le bruissement des insectes qui se mêle aux chants des oiseaux. Dans la solitude des forêts tropicales, c'est un concert immense et tumultueux qui s'élève vers le ciel.

« Lorsqu'il faisait clair de lune, il nous était impossible de nous livrer au sommeil. La nature entière semblait s'animer, et si, au coucher du soleil, le silence était absolu, les habitants des ténèbres, après s'être assurés de la retraite de ceux qui ne paraissent que le jour, sortaient de leurs demeures et nous assourdissaient de leurs cris variés. De chaque arbre, de chaque graminée s'échappaient les sons les plus divers, et du fond des eaux s'élevaient des grognements bizarres produits par le wacara. Les grenouilles et les crapauds faisaient retentir l'air de

CHAPITRE VII. — LA FAUNE 195

leurs voix si curieusement variées. Tantôt c'était comme le bruit de l'enclume retentissant sous les efforts de marteaux, tantôt de longs sifflements, ou bien encore des coassements prolongés.

Mais au-dessus de toutes ces voix du désert se faisait entendre l'organe éclatant des oiseaux de nuit, et surtout le cri plaintif du tantale qui rappelle les vagissements d'un nouveau-né. Le bourdonnement des insectes s'ajoutait à tout ce vacarme, auquel se joignaient souvent les rugissements lointains du tigre, la voix mugissante du crocodile et les détonations, semblables à celles de la mousqueterie, que produisent d'énormes individus de cette dernière espèce en se précipitant du haut des berges dans le lit tranquille de la rivière. Ces belles nuits étaient rendues plus claires encore par l'apparition de milliards d'insectes phosphorescents. Le concert ne s'arrêtait qu'aux premiers rayons du jour, dont l'apparition était saluée par les cris retentissants des singes hurleurs » (De Castelnau, *Expédition dans les parties centrales de l'Amérique du Sud*, t. II, p. 455 et 456).

Mais enfin, malgré toute la bonne volonté du monde, il n'est pas donné à tous de visiter l'Inde ou l'Amérique du Sud, ni d'y voir, lorsqu'on a la chance d'y être, tout ce que d'intrépides voyageurs y ont vu en s'enfonçant dans les régions les moins explorées de ces pays. La nature y a pourvu ; et quand l'homme veut admirer la beauté animale, il n'est pas du tout indispensable de recourir aux bêtes rares ou terribles de la faune exotique ; qu'il regarde près de lui, dans sa maison. Deux animaux y vivent, si bien réduits en domesticité que la demeure et le voisinage de l'homme leur semblent devenus nécessaires. Le chien l'emporte par la grandeur, la beauté du pelage dans certaines races, l'intelligence pratique, le nombre et la variété des services qu'il rend, surtout par l'incroyable affection, l'invincible attachement qui l'unit à son maître, sa soumission, sa docilité aux ordres qu'il reçoit de lui, l'oubli des mauvais traitements, enfin par son excellent « caractère ». Très susceptible de dressage, il garde les troupeaux avec le berger, chasse avec le chasseur, sauve le nageur imprudent. Bref, aucun animal ne se montre au même degré capable de venir en aide à l'homme dans tous ses besoins, de le comprendre, de partager ses sentiments et de l'aimer. Nul ne sait comme lui exprimer l'affection qu'il éprouve, la traduire par ses cris étouffés, ses coups de langue, ses attitudes. L'homme a raison de se montrer reconnaissant envers ce bon serviteur, j'allais dire ce fidèle ami, bien qu'il soit peut-être excessif de lui élever un tombeau après sa mort et surtout d'y graver quelque sentence des Livres saints.

Le chat n'a pas à beaucoup près les qualités affectives du chien. On a vu, dit-on, des chiens languir et mourir de douleur après le décès de leur maître ; voilà un spectacle que le chat ne donne jamais. Il ne sait pas se mettre tout entier et sans retour personnel au service de l'homme ; on sent que, s'il aime le foyer domestique, c'est qu'il s'y trouve bien, que sa nourriture y est assurée, qu'il est dispensé de passer les nuits froides à la belle étoile ; en réalité, il s'intéresse peu à l'homme qui habite là. Il change de maître et de maison sans difficulté et se plaît davantage dans le nouveau logis, si les reliefs du festin y sont plus copieux et plus savoureux. Le chat est donc égoïste, il est astucieux aussi, et l'on imaginerait difficilement une physionomie sur laquelle se lise plus ouvertement l'expression de la douceur hypocrite et de la ruse pateline. Quand on joue familièrement avec un chat, on peut toujours s'attendre à un coup de griffe, même lorsqu'il fait patte de velours. Il n'est pas cependant rebelle à tout sentiment affectueux, et quand il n'est pas persécuté par des enfants ou maltraité par des gens brutaux, il saute volontiers sur les genoux et frotte son museau contre la main qui le flatte. Du reste, c'est une jolie bête, souple et légère, à la fourrure délicate, souvent rayée et mouchetée. En somme, le chat est un tigre en miniature, adouci par de longs siècles de domesticité, mais qui ne s'est pas entièrement dépouillé de son naturel méchant et farouche.

Il faut pourtant faire exception en faveur de l'angora, beaucoup plus sociable, qui sollicite souvent les caresses par des miaulements répétés et court volontiers au jardin après son maître ; ce tempérament affectueux subsiste même dans les métis d'angoras. L'animal, à l'état de race pure, est charmant d'ailleurs : c'est une boule de longs poils blancs et soyeux, entre lesquels émerge une petite tête ronde au muffle rose, à l'expression douce et paisible. Comme le chat domestique, il joue volontiers ; mais le fond de sauvagerie capricieuse a presque entièrement disparu.

Du reste, si le chien et le chat nous paraissent trop communs pour donner l'intuition de la beauté animale, nous avons encore la ressource d'aller, par un jour d'été, courir les bois et les champs. Des milliers de papillons, d'hyménoptères et d'insectes de tout genre volent dans les lieux déserts, rampent sur les feuilles ou sur les brins d'herbe, partout les oiseaux chantent et s'ébattent. Pour peu qu'on sache regarder, on assiste toujours à de petits drames ou à des idylles ; c'est une couleuvre qui engloutit quelque proie vivante, deux papillons qui se poursuivent en un vol tourbillonnant, un nid où s'agitent quelques petits fraîchement éclos et réclamant leur pâture avec des cris aigus. Ou bien l'on peut encore explorer à marée basse quelque coin solitaire d'une plage bretonne ou normande; on revient de ces excursions émerveillé de l'innombrable quantité d'échinodermes, de mollusques, de crustacés, de petits poissons, qui s'abritent sous les pierres dans les flaques d'eau ou qui se cachent sous les herbes marines. Partout la nature est à l'œuvre, réparant ses pertes et travaillant pour l'avenir; il suffit d'ouvrir les yeux et d'écarter légèrement le voile dont elle aime à couvrir le mystère de ses opérations.

CHAPITRE VIII

LES SAISONS

Puisque la couleur et la variété sont des éléments essentiels de la beauté, la succession périodique des saisons doit tenir une large place dans l'esthétique de la nature. Ce phénomène affecte l'aspect du ciel, l'état général de la flore et de la faune ; c'est pourquoi il a fallu en différer l'étude jusqu'à ce moment. Bien qu'il se manifeste d'ailleurs de diverses manières, il est pourtant universel ; partout, sauf dans les régions tropicales abondamment arrosées, la nature se repose pendant une période plus ou moins courte de l'année, puis, désaltérée par l'eau qui tombe ou ranimée par le soleil, elle enfante avec une nouvelle énergie.

Nulle part la division des saisons n'est aussi marquée que dans les régions de la zone tempérée qui se rapprochent du cercle polaire ou dans les hautes chaînes de montagnes qui compensent par l'altitude l'insuffisance de la latitude. Prenons comme type la succession des saisons dans les Alpes du Tyrol.

Dès que les premières brises d'octobre soufflent dans les forêts alpestres, les arbres à feuilles caduques modifient la teinte de leur feuillage et le mettent en harmonie avec les jours tristes qui approchent. Comme sur les premiers plans des montagnes les essences sont variées, une foule de nuances délicates, qui passent par tous les tons du jaune, se marient au vert foncé des pins. Souvent la lumière encore éclatante du soleil vient consoler le deuil commençant de la nature; parfois aussi une pluie fine tombe dans les vallées, et alors des masses de neige s'abattent sur les hautes cimes.

Puis vient décembre, et le grand hiver, l'hiver sibérien, s'annonce. La neige qui tombe à gros flocons gèle et durcit ; montagnes et vallées, tout disparaît sous une épaisse couche d'une blancheur éblouissante. Le ciel ordinairement se cache derrière un voile de nuages gris, et lorsqu'il arrive que le voile se déchire, la lumière du soleil est pâle, terne, sans chaleur ; mais par les belles matinées d'hiver, lorsque les premiers rayons du jour touchent la pointe des sommets blanchis, ils la colorent de teintes roses, d'une finesse, d'une douceur admirables. Quand la neige est fraîchement tombée et que le vent se tait, les pins au feuillage sévère paraissent poudrés à frimas ; le vert des aiguilles et le blanc se fondent en une teinte grise qui se détache doucement sur le tapis de neige immaculée.

Au mois de mars se font sentir les premières effluves du printemps. Les arbres restent noirs jusqu'en mai ; mais les blés poussent au-dessus du sol de la vallée leurs pointes vertes. Puis les mélèzes et les bouleaux se couvrent d'une parure légère ; le magnifique aigle blanc des

Alpes, aux yeux rouge de sang, commence à tournoyer lentement au-dessus des pics où il bâtit son aire ; les cascades gelées retrouvent leur voix, et les premiers papillons blancs éclosent. C'est un printemps tardif, hésitant, timide comme un bel enfant qu'on appelle et qui recule après un premier pas.

En juin, l'été étale ses splendeurs. Les glaciers étincèllent sous les feux du soleil ; le rosier des Alpes se pare de bouquets aux vives couleurs, l'edel-weiss de ses fleurs blanches étoilées. Le pays tout entier est vert, excepté les pics les plus élevés et les pyramides rocheuses ; mais que de nuances encore dans cette teinte générale! Quand on chemine au milieu des bois, on entend le son lointain des clochettes ; puis, à travers les arbres, apparaît une prairie que la forêt encadre de toutes parts et dans laquelle paissent des troupeaux qui vivent dans la montagne durant la saison chaude. Parfois, sur les hauteurs, un chamois bondit légèrement et s'enfuit dans l'épaisseur des bois.

Les quatre saisons sont donc nettement marquées dans les régions tempérées et surtout dans les contrées au relief montagneux. Après le froid sommeil de l'hiver vient le réveil du printemps, puis l'épanouissement de l'été et la mélancolie de l'automne. Sous le cercle polaire, il y a l'interminable nuit dont, seule, l'aurore boréale ou australe éclaire un moment les ténèbres, puis le court et frileux été où le crépuscule coïncide avec l'aurore. Des craquements formidables annoncent la rupture de la croûte dont toutes les eaux s'étaient couvertes ; les fleuves charrient les glaçons accumulés, et sur la mer voguent ces montagnes de glace si redoutables aux navigateurs ; la terre se hâte de produire des herbes et des fleurs, les nuits diminuent rapidement.

« Dans la moitié septentrionale de la Russie, l'été a des tableaux qui lui sont propres et que l'œil ne peut soupçonner sans en avoir joui. Les nuits d'été du midi avec leur molle température et leur ciel diaphane sont belles, les nuits d'été du nord ne le sont pas moins et sont plus surprenantes. Aucun pinceau ne saurait rendre les délicatesses de leurs nuances, aucun la finesse de leurs dégradations. Dans ces nuits où le soleil descend à peine au-dessous de l'horizon, aux vives couleurs des couchers de soleil du printemps succèdent des teintes d'opale ou de nacre qui semblent appartenir à une autre planète. La lumière en pâlissant semble prendre quelque chose d'éthéré, ce n'est ni le jour ni la nuit, ce n'est ni l'aube ni le crépuscule, ou plutôt ce sont les deux à la fois. Plus l'on monte vers le pôle, et plus le couchant et l'aurore se rapprochent dans l'espace comme dans le temps ; vers minuit on les voit rougir ou blanchir à peu de distance l'un de l'autre des deux côtés du nord, éclairant le ciel de leurs teintes simultanées, comme s'ils se réfléchissaient mutuellement. Sur le 60° degré, à la latitude de Pétersbourg, il n'y a déjà plus de nuit à la fin de juin, bien qu'il faille remonter jusque vers le 66° au-dessus d'Arkangel pour voir le soleil rester à minuit sur l'horizon » (Leroy-Beaulieu, *La Russie et les Russes,* Revue des Deux Mondes, 15 octobre 1873, p, 897).

En cet extrême Nord, on peut, en effet, durant les jours qui précèdent et qui suivent le solstice d'été, contempler le soleil de minuit. Vers 11 heures et demie, l'astre ne descend plus, et jusqu'à 1 heure environ il ne paraît pas remonter. Ce disque de feu tout blanc, que l'œil fixe sans beaucoup de peine, semble sus-

CHAPITRE VIII. — LES SAISONS

pendu à une hauteur apparente de deux mètres au-dessus de l'horizon et lance de là sur la terre et sur les flots ses rayons adoucis (Cf. Giquello, *Au milieu des pêcheurs d'Islande*, Correspondant, 25 avril 1899, p. 362).

Sous les tropiques, la nature ne connaît que deux saisons, la saison sèche et la saison pluvieuse, celle du soleil dévorant qui brûle tout et celle des nuages noirs gonflés de pluies lourdes et de foudres. Les chaleurs torrides de l'été dessèchent et font tomber en poussière les graminées, qui couvraient le sol, et les feuilles des arbres, la terre se crevasse, les flaques d'eau s'évaporent, le crocodile et le boa s'enterrent profondément dans la glaise et demeurent immobiles et endormis ; ainsi une chaleur excessive engourdit ces animaux, comme le froid engourdit ceux qui habitent les pays glacés du nord (Cf. Humboldt, *Tableaux de la nature*, p. 42 et 43).

Mais bientôt l'azur intense du ciel se trouble ; les vapeurs d'eau répandues dans l'air se condensent en sombres nuages, d'où la pluie tombe à flots au milieu des décharges électriques.

« Les premières pluies (à Bhopal) furent d'une abondance torrentielle, dépassant tout ce que j'avais vu en ce genre à Bombay et à Baroda... Pendant plusieurs jours, le tonnerre ne cessa de gronder, sillonnant la nue de magnifiques éclairs violacés qui éclataient coup sur coup avec un bruit épouvantable, semblable à celui de milliers de décharges d'artillerie... L'électricité se jouait du reste fréquemment à la surface du sol, nous offrant de curieux phénomènes qui eussent fort intéressé un physicien. Au bout de quinze jours pendant lesquels il nous sembla assister à un de ces cataclysmes qui durent accompagner les formations de notre sol, la voûte grise se fendit en plusieurs endroits, le ciel redevint bleu... On aurait dit que, pendant que nous restions enfermés dans notre habitation, le pays avait été touché par quelque baguette magique. La vaste plaine nue et rocailleuse s'était couverte d'un magnifique tapis de verdure semblable au gazon d'un parc anglais. Les arbres naguère gris et desséchés étalaient maintenant d'épais pavillons d'un beau feuillage, et les montagnes, lavées par les ondées, resplendissaient des plus belles couleurs du granit bleu et du grès rose » (Louis Rousselet, *L'Inde des Rajahs*, Tour du Monde, t. XXVI, p. 311).

Les saisons sont comme des artistes chargés du grand décor de la nature ; chacune a sa couleur préférée. L'hiver blanchit la terre, le printemps la pare de vert tendre et l'été de vert foncé, l'automne jaunit et dore toute cette verdure, il empourpre les feuilles de la vigne vierge. Chacun, suivant son caractère ou son tempérament, a sa saison préférée, celle qui satisfait ses dispositions intimes ou ses aspirations secrètes. L'automne plaît aux mélancoliques, l'hiver aux âmes sombres ou attristées, l'été à ceux qui sentent en eux la plénitude de la force. Mais le printemps, saison de la chaleur douce et féconde, est celle qui correspond le mieux au besoin universel de rénovation; le rajeunissement de la terre semble s'étendre jusqu'à nous et nous rajeunir nous-mêmes, et nous aimons cette illusion bienfaisante. La vie, suspendue par les froids de l'hiver, reprend son cours, et ses premières pulsations ont un charme suave et discret.

> *L'oiseau chante, l'agneau broute ;*
> *Mai, poussant des cris railleurs,*
> *Crible l'hiver en déroute*
> *D'une mitraille de fleurs.* (V. Hugo)

Ces artistes, les saisons, sont toujours à l'œuvre en même temps ; quand l'été règne dans l'hémisphère boréal, l'hiver se fait sentir dans l'hémisphère austral, et de chaque côté des tropiques, les saisons intermédiaires avancent ou reculent avec les principales. Ainsi la marche des saisons alterne dans les deux hémisphères, et depuis l'époque tertiaire, jamais la terre n'a été peinte d'une couleur uniforme ; toujours ses plaines et ses montagnes ont été bariolées de teintes diverses. Mais la modification de ce décor naturel ne s'opère point en tous lieux au même moment et avec la même intensité, dans la zone d'influence que l'époque de l'année attribue à telle saison. Chaque coin de terre réagit sur la météorologie générale et se crée une température qui lui est propre. La position continentale ou insulaire, le relief du terrain, les forêts qui couvrent un pays, exercent une action très sensible sur la marche locale des saisons, sur leurs retards ou leurs rigueurs. Ainsi les îles, qui sont situées en deçà du cercle polaire, ignorent les paroxysmes de chaleur et de froid qui tour à tour se font sentir dans l'Europe centrale; le climat insulaire, plus humide, tient d'ordinaire le milieu entre les excès de température. Au contraire, l'Amérique du Nord passe par ces extrêmes, parce qu'elle forme un bloc continental impénétrable, qui remonte très haut vers le pôle ; avant de souffler sur les vastes plaines des États-Unis, les courants aériens descendant du nord n'ont point passé sur des mers libres de glace, ni rencontré de hautes chaînes de montagnes qui les fissent dévier à droite ou à gauche. Le Pérou doit en grande partie le climat enchanteur, dont il jouit sur les côtes du Pacifique, au courant de Humboldt qui sort de l'océan antarctique et vient apporter la fraîcheur au littoral péruvien.

Or, comme il n'y a pas deux endroits au monde où les mêmes conditions se rencontrent exactement pareilles, il s'ensuit que les saisons atteignent ainsi le maximum de la diversité dans l'unité et que, dans un même pays, une courte distance suffit à modifier, avec la température, l'aspect des campagnes. Sur le versant nord des Alpes piémontaises, le froid règne encore en maître et paralyse l'essor de la vie, tandis que, sur le versant exposé au midi, tout reverdit, tout se couvre de fleurs. Dans tel coin de l'Angleterre, les arbres, à la fin d'avril, portent pour toute promesse des boutons; deux lieues plus loin, ils sont déjà ornés des petites feuilles printanières, parce qu'une chaîne de collines les protège mieux contre les vents glacés. Quel élément plus puissant de variété locale est-il possible de concevoir dans l'unité générale des saisons, à moins que l'on ne fasse appel à la succession même des périodes de l'année?

CHAPITRE IX

L'HOMME

Les philosophes grecs enseignaient non sans raison que l'homme est un monde en abrégé, parce qu'en lui s'unissent l'esprit et la matière, c'est-à-dire les deux substances disparates dont l'une ou l'autre constitue le fond de tous les êtres. Non seulement l'esprit habite le corps humain, mais il l'anime et le vivifie. Sans lui, le corps n'est plus qu'un cadavre, incapable même de retenir longtemps ses formes physiques, tandis que le corps animé par lui possède les forces vitales, les puissances végétatives, le mouvement, la sensibilité. A son tour, l'esprit reçoit du corps le complément d'être qui le rend capable de faire passer ses facultés de la puissance à l'acte. L'âme n'est pas un esprit pur, capable sans doute de mouvoir et d'organiser la matière, mais trop élevé au-dessus d'elle et trop indépendant pour qu'aucune influence puisse monter de ces bas-fonds jusqu'à lui ; c'est une substance spirituelle, douée d'intelligence et de volonté, mais ayant besoin d'images sensibles pour concevoir des idées et de sens pour former ces images. Par elle-même, l'âme possède des facultés et non des idées ; seul, le contact avec les réalités matérielles éveille ces facultés embryonnaires, la sensibilité d'abord, puis l'imagination, la mémoire, et par elles, l'intelligence et la volonté ; seule, l'expérience peut les exciter, les arracher à leur sommeil, les mettre en jeu, les pousser irrésistiblement à l'action.

Au moment de la naissance, l'âme est une force spirituelle qui s'ignore, une belle chose vierge et toute neuve, sur laquelle nulle réalité n'a gravé son empreinte. Mais dès que l'enfant est venu au monde, un travail incessant d'action et de réaction commence ; tout ce qui entoure l'enfant agit sur lui, et il réagit sur tout ce qui l'entoure. Un monde de sensations, agréables ou pénibles, l'assiège, pénètre en lui et y éveille des sentiments confus, indistincts. Peu à peu, ce chaos se débrouille, la lumière se fait dans ces perceptions obscures, l'âme prend conscience d'elle-même et de l'instrument auquel elle est unie en vertu de sa nature. L'intelligence s'émeut ; des rudiments de pensée s'y font jour, ils se précisent et se développent, ils ne diffèrent pas plus de la pensée pure que l'enfant ne diffère de l'homme.

En même temps, les premiers mouvements d'une volonté libre se font sentir. Tant que l'intelligence a été plongée dans les ténèbres, la volonté n'avait pas de rôle à jouer, l'enfant agissait par des mouvements spontanés analogues à ceux des animaux ; il distinguait le bien physique de la douleur et non le bien moral du péché. Mais entre l'animal et l'enfant il y avait cette différence décisive que seul le dernier est susceptible d'éducation morale.

En effet, à peine la raison a-t-elle pris possession d'elle-même que la conscience s'éveille ; l'enfant comprend qu'il y a des actes qui sont en soi dignes d'éloges et de récompenses, des actes qui, même commis en secret et par là échappant à tout châtiment des hommes, n'en gardent pas moins leur caractère de perversité. La moralité se développe parallèlement à l'intelligence dans cette âme enfantine ; à mesure que l'intelligence saisit mieux le vrai, la volonté mieux éclairée se tourne de plus en plus vers le bien. L'ascension intellectuelle convenablement dirigée aide à l'ascension morale.

C'est un beau spectacle que l'épanouissement d'une jeune âme à la lumière de la vérité et à la chaleur du bien. Jamais le terme de progrès ne s'est mieux appliqué qu'à cette évolution mentale ; l'esprit est en marche vers le bien et vers le vrai, il avance chaque jour. Ou plutôt, l'enfant tout entier est en travail de l'homme, car le corps se développe comme l'âme. Si ce développement physique subit quelque arrêt définitif, l'âme en ressent le contre-coup, parce que la perfection des organes, qui lui fournissent les matériaux de ses pensées et la possibilité de les exprimer, est indispensable au libre fonctionnement des facultés intellectuelles. Si le cerveau est atteint de quelque lésion, le système nerveux s'en ressent ; un désordre s'introduit dans la vie sensible, et le contre-coup porte jusque sur l'exercice de l'intelligence. Telle région cérébrale est-elle frappée, le sujet devient incapable de parler (aphasie) ; la dégénérescence de telle autre partie lui fait perdre la faculté d'écrire (agraphie). La théorie de Platon était séduisante ; mais la physiologie moderne lui a porté un coup irrémédiable. Non, l'âme n'est pas un esprit déchu prisonnier dans un corps ; c'est une substance spirituelle créée en vue d'un corps ; sa manière d'être, sa nature, appelle et réclame cet achèvement qui seul la met à même de développer ses facultés. Sans doute, l'intelligence et la volonté, dans leur essence et dans leur existence, ne dépendent que de l'âme ;

mais leur développement est subordonné à la marche régulière des perceptions sensibles, et seul le corps animé est doué de sensibilité. L'âme séparée du corps est incomplète, parce qu'elle ne peut directement et immédiatement connaître l'immatériel ; elle ne s'élève à cette connaissance qu'en passant par la matière, et pour ce voyage de découverte, le corps, qui la met en contact avec les êtres matériels, est le véhicule indispensable.

Mais l'âme rend largement au corps les services qu'elle en reçoit ; entre eux les relations sont incessantes, l'échange de bons offices est continuel et nécessaire. L'intelligence rayonne sur le front et dans les yeux ; l'énergie de la volonté se reflète sur le visage ; les sentiments, à tout instant, se manifestent dans le pli des lèvres, l'éclat des yeux, l'altération des traits, et même, s'ils sont très vifs, dans l'attitude générale et les mouvements du corps. De cette combinaison de l'état habituel de l'âme avec les sentiments de l'heure présente se forme ce qu'on appelle l'*expression*, qui est différente en chacun et qui change plus ou moins dans le même individu. Cette influence du moral sur le physique est parfois si énergique qu'elle opère une sorte de transfiguration passagère ; sous l'impression d'un sentiment puissant ou d'une haute pensée, un visage, même irrégulier, s'illumine et s'ennoblit, un corps contrefait se redresse.

D'ailleurs, comme l'âme, indépendamment du corps, a sa beauté propre, de même le corps, outre la manifestation de l'âme en lui par l'expression, possède aussi sa beauté particulière. La peau épaisse et le système pileux des animaux font place à une peau souple et fine, de couleur semi-transparente, blanche ou teintée, sous laquelle court le réseau bleuâtre des veines. Le dos est droit, la marche verticale est devenue la marche normale, au lieu d'être un accident disgracieux comme chez le singe. La tête, franchement distincte du tronc, est placée entre les deux épaules ; elle domine tout l'appareil symétrique, le plan double sur lequel est construit le corps humain, ces organes qui se répètent parallèlement à droite et à gauche, les bras, les seins, les côtes, les jambes et les pieds. Elle-même reproduit ce plan symétrique : les joûes, les yeux, les sourcils, les narines. Un homme qui, selon la fable des Cyclopes, aurait un œil unique au milieu du front, nous paraîtrait justement un monstre ; c'est que la symétrie serait détruite et l'unité du front compromise. Le nez relève par la saillie de ses lignes ce que la face aurait d'un peu plat ; c'est pourquoi une certaine proéminence de cet organe est nécessaire à la beauté du visage ; nul ne confond un nez kalmouke avec un nez grec. La couleur rouge des lèvres et la teinte rosée des joues animent la figure, la couleur variée de l'iris des yeux est l'une des choses qui lui donnent le plus d'expression ; les yeux bleus expriment ordinairement la douceur, bien qu'il y ait aussi des regards durs, d'un bleu d'acier ; l'œil noir est vif, passionné, quelquefois terrible, chargé pour ainsi dire d'électricité, comme un nuage d'où l'on s'attend à voir jaillir l'éclair ; la teinte brun doré communique au regard une expression d'ardeur concentrée et profonde, la teinte vert de mer quelque chose de changeant, d'inquiétant et de faux. La courbe des sourcils sépare harmonieusement l'œil du front ; en même temps, les yeux ne sont plus sur la même ligne que le front, il y a retrait de l'organe visuel dans une cavité au-dessus de laquelle l'os frontal forme voûte et saillie ; on ne retrouve donc plus dans la face humaine les yeux « à fleur de tête » des animaux. La chevelure, plate, bouclée ou frisée comme de la laine, brune ou cendrée, noire ou dorée, encadre et couronne admirablement tout cet ensemble ; c'est un diadème naturel. Le menton termine en ovale le visage humain ; toute saillie exagérée ou tout retrait des os de la mâchoire inférieure troublerait l'harmonie des lignes, rapprocherait la figure humaine de la tête de l'animal, tandis qu'un menton bien dessiné l'en distingue absolument.

Le visage met à la disposition de l'âme trois moyens d'expression sans égal : le langage articulé, le rire et les pleurs. Quelques animaux paraissent avoir la faculté de pleurer ; pendant les premiers jours de sa captivité, de grosses larmes roulent, dit-on, dans les yeux de l'éléphant indien. Mais ce qui est tout à fait exceptionnel dans l'animal se transforme en loi générale chez l'homme. Rien n'exprime plus vivement la tristesse et la souffrance ; quand les larmes coulent en abondance, les muscles de la face se contractent, et l'ensemble du visage devient l'image naturelle de la douleur physique ou morale.

Le rire est une faculté exclusive de l'homme. C'est un épanouissement des muscles des lèvres et des joues, accompagné de contractions saccadées du diaphragme et d'un bruit qui se renouvelle à chacune de ces contractions, soit que, d'ailleurs, les cordes vocales et le voile du palais produisent ensemble ce bruit, soit que le voile du palais seul y contribue. Le rire est l'expression d'un plaisir vif, d'une surprise agréable, d'un étonnement gai en face de certains contrastes comiques entre l'idéal et la réalité. Le sourire, qui est naturellement silencieux, illumine pour ainsi dire le visage ; il exprime la bienveillance, la satisfaction intime, le bonheur :

> *Le bonheur, amie, est chose grave...*
> *Son sourire est moins près du rire que des pleurs.*
> (V. Hugo)

Comme les pleurs et comme le rire, les exclamations et les plaintes sont des symboles naturels de nos émotions ; mais, au lieu d'en rester l'expression symbolique, le langage en est surtout l'exposition immédiate, la traduction naturelle au moyen des sons articulés. La douleur et l'effroi s'expriment non seulement par des mots entrecoupés et des phrases haletantes, mais aussi et d'abord par le sens même des mots et des phrases. C'est pourquoi le cercle des passions et des sensations est aussitôt franchi ; par la nature même des choses, le langage se met en communication intime avec les idées et leur donne une forme sensible. La voix humaine devient ainsi un merveilleux instrument de relations intellectuelles ; mais cela ne l'empêche en aucune manière d'être par les sons qu'elle émet et par la pureté de son timbre le premier des instruments de musique. On croit avoir fait d'un joueur de violoncelle un éloge singulier en disant que sous sa main les cordes pleurent et gémissent comme une voix humaine.

Quand on examine ainsi le corps et les membres de l'homme, on se rend compte de l'importance que la sculpture grecque a prise dans l'histoire de l'art ; en s'attachant à reproduire des formes humaines choisies, elle a mis la main sur le modèle unique que la nature lui destinait. On ne trouve plus excessif l'enthousiasme de Léonard de Vinci, qui déclarait divines les proportions du corps. On comprend enfin la poétique description que la fiancée du Cantique fait de son bien-aimé : il est blanc et rose, ses cheveux sont bouclés comme l'enveloppe frisée des fruits du palmier, noirs comme l'aile du corbeau ; ses yeux sont aussi vifs que ceux des colombes, ses lèvres ressemblent à des fleurs rouges et parfumées ; ses mains

CHAPITRE IX. — L'HOMME

semblent faites au tour, sa poitrine est blanche comme l'ivoire, ses jambes sont comme des colonnes de marbre blanc, et de sa haute taille il domine les hommes autant que le cèdre dépasse les autres arbres.

Tout être humain a un tempérament moral, qui est la résonnance en l'âme de son tempérament physique. En se coagulant dans le sein maternel, le corps subit l'action de forces diverses, dont la plus générale, après l'énergie spécifique, est la race, et la plus constante, l'hérédité. A moins que quelque accident n'y mette obstacle, l'enfant issu de parents sains et vigoureux naîtra sans germes morbides, fort, bien constitué. De l'union de parents blancs ou noirs sortira indubitablement un enfant blanc ou noir, avec les détails de conformation propres à sa race. Néanmoins, dans ce travail de l'organisation physique, quelque élément tend à prendre le dessus : le sang, les nerfs, etc. Les tempéraments parfaitement équilibrés sont beaux, mais rares. S'il y a prédominance d'un élément, elle se traduit à la fois dans le type physique et dans le tempérament moral, à mesure que l'homme se dégage de l'enfant. Ainsi les flegmatiques ont la barbe rare, les tissus graisseux développés, la peau blanche, le regard doux et un peu terne. Leur humeur paisible, somnolente même, les rend impropres aux entreprises qui exigent de l'initiative et une dépense continue d'énergie. De l'énergie, ils peuvent en avoir; mais elle ne s'exerce que dans certaines limites et sur des objets qui sont à leur portée; les hautes ambitions, la lutte ardente pour la vie ne leur conviennent pas.

A ce point de vue, les nerveux sont mieux doués ; on devine, à leur figure expressive, à leur corps maigre et élancé, qu'ils sont capables de répondre aux actions du dehors par une réaction très vive. Malheureusement, la machine physique, surmenée par une activité fébrile, s'abat trop souvent avant de toucher au but, ou bien une émotion chasse l'autre, une nouvelle vibration des nerfs fait oublier la première. L'inquiétude du regard, l'instabilité de la physionomie, font pressentir la succession rapide des secousses nerveuses qui détériorent l'organisme et fatiguent la volonté.

Sur la face colorée des sanguins, on lit la bonhomie facile et la bienveillance à fleur de peau, l'épanouissement et la joie de vivre avec une tendance à des élans de colère passagers ; le cou est ordinairement épais et court, les mains lourdes, la taille effacée. Au contraire, les bilieux sont plutôt maigres ; ils ont le teint jaune ou olivâtre. Ils ressentent profondément les injures et sont enclins à la colère, mais savent dissimuler jusqu'à l'heure propice. Dans les émotions violentes, ils pâlissent au lieu de rougir comme les sanguins. Leur humeur est souvent acariâtre et désagréable ; leurs sentiments, moins vifs et plus profonds que ceux des nerveux, sont plus durables. (cf. Alfred Fouillée, *Le tempérament physique et moral*, Revue des Deux Mondes, 15 juillet 1893)

Tels que les philosophes les dépeignent, ces tempéraments divers auraient l'avantage d'animer singulièrement la nature humaine et de graver plus profondément les traits de la physionomie personnelle. Mais la nature fait mieux encore ; elle modère par un mélange spontané ce que chaque tempérament aurait d'excessif ; elle n'efface pas le trait caractéristique et prédominant, elle l'estompe. Les qualités des éléments secondaires adoucissent les défauts des autres. Par le fait même du mélange s'établit non l'équilibre parfait, qui serait d'ailleurs monotone, mais l'équilibre instable, qui sauvegarde en général les tempéraments de leurs propres excès, sans leur ôter le charme de l'individualité.

Mais si la nature s'en est tenue là, elle a fourni à l'homme le moyen de dépasser cette limite de la pondération psycho-physiologique. Armé de sa volonté libre, l'homme réagit sur son tempérament moral par des actes délibérés. Ces actes sont très justement nommés actes humains, parce que l'homme seul en est capable. L'animal est tout impulsif ; il agit fatalement, par la motion irrésistible que transmettent aux organes ses instincts, ses désirs, ses frayeurs ; l'action sort d'une source trouble et impure, et comme l'effet ne saurait être d'un ordre différent de la cause, elle porte le stigmate de son origine, elle est dépourvue de valeur morale et entachée de nécessité. Mais l'acte moral voulu, réfléchi, dont l'homme a mesuré la portée dans sa vie et dans celle des autres, est le reflet de l'esprit, comme l'action animale est le produit d'une âme incomplète. Si l'homme abuse de sa liberté, les actes qui en découlent sont moralement mauvais ; mais ils n'en gardent pas moins leur perfection essentielle qui est d'être des actes libres. Quand des loups affamés dévorent un loup blessé, la chose nous répugne sans nous indigner ; mais qu'un anthropophage mange un prisonnier de guerre, voilà ce qui nous paraît absolument immoral, ce qui nous révolte profondément, et si nous avions la force en main, nous n'hésiterions pas à l'employer pour empêcher ce festin de chair humaine. Pourquoi cette indignation, sinon parce que nous jugeons que l'anthropophage est libre de s'abstenir et doit en effet s'abstenir de l'abominable repas ? C'est la première fois que nous rencontrons la liberté dans la nature, et cette domination que l'homme exerce sur ses actes, sur ses pensées mêmes, donne à son âme une élévation morale qui éclipse ses perfections physiques.

L'acte libre modifie le tempérament moral ; tantôt il en favorise le développement dans le sens de sa pente naturelle, tantôt il le redresse de telle manière qu'après cette éducation on a sous les yeux un homme nouveau, un tempérament refondu. Des gens portés à la colère deviennent doux et patients ; des nerveux, qui paraissaient toujours saturés de fluide électrique, étouffent leurs premiers mouvements, se rendent maîtres de leurs impressions. Sous cette impulsion libre, un changement profond, une révolution morale s'est opérée dans la personne ; sur la trame primitive, la volonté a travaillé de telle sorte qu'il est sorti de là un caractère.

Les trois facultés principales de l'âme, les

trois faces sous lesquelles on peut envisager l'exercice de son énergie, la sensibilité, l'intelligence, la volonté, occuperont, l'une ou l'autre, la première place dans le caractère. L'action continue et presque exclusive de telle faculté lui confère sur les autres une prépondérance d'habitude. La sensibilité, servie par l'imagination, domine chez le poète et l'artiste, l'intelligence dans le professeur et le savant, la volonté chez l'officier qui commande sur l'océan ou dans un poste éloigné, chez le colon qui va fonder en plein désert un établissement agricole et une famille.

Comme le tempérament se reflète sur le visage et dans les allures, le caractère ne peut manquer, lorsqu'il est suffisamment accentué, d'imprimer sa marque sur l'extérieur de l'homme. La fermeté de la volonté se décèle d'ordinaire dans le regard calme, assuré, un peu froid, le front tranquille, les lèvres immobiles et serrées, le geste bref; la tête se tient toute droite sur les épaules, et le corps prend sans effort l'attitude du commandement. L'intellectuel porte souvent la tête basse, comme absorbé dans ses réflexions ; les épaules sont légèrement voûtées, les yeux troubles, fatigués par la lecture et les veilles ; les idées contradictoires, qui passent par cette tête et quelquefois y cohabitent, donnent au visage un air d'indécision, d'incertitude, parfois de scepticisme désabusé ou ironique ; à force d'avoir pesé les motifs pour ou contre, il ne trouve plus à l'heure de l'action que des raisons de s'abstenir. Généralement, l'habitude de la pensée répand une certaine clarté sur la figure et relègue à l'arrière-plan les organes des fonctions inférieures.

La sensibilité se manifeste par l'expression sympathique du visage, par la vivacité et la tendresse du regard, le geste souvent dramatique sans recherche, la pose qui trahit les émotions éprouvées. Ce n'est ni l'instinct, ni le désir qui trouble ainsi ces hommes ; c'est une cause plus élevée qui les émeut, à laquelle ils s'abandonnent librement, par exemple une œuvre d'art que leurs yeux rencontrent, une bonne action qui s'accomplit devant eux. La liberté pénètre et vivifie toutes ces manifestations extérieures, qui sont la conséquence inévitable d'actes humains et qui, par suite, sont libres dans leur cause psychologique principale. C'est ce qui les distingue nettement des manifestations, souvent spontanées et involontaires, du tempérament. Sans doute, le tempérament ne détruit pas la liberté, mais il l'enserre pour ainsi dire en certaines limites, comme ces digues qui, sans entraver la course des eaux, les empêchent pourtant de se répandre sur les campagnes. Le caractère, issu de la volonté libre et de ses actes répétés, nous délivre de cette servitude partielle ; c'est un fleuve qui se creuse son lit aussi large, aussi profond qu'il lui convient (cf. Alfred Fouillée, *Le caractère et l'intelligence*, Revue des Deux Mondes, 15 février 1894. — Dr Surbled, *Tempérament et caractère*, Revue des questions scientifiques, 1899). La formation du caractère est l'œuvre du temps ; elle s'obtient par un long apprentissage qui, pour être pleinement efficace, doit d'ordinaire commencer dès l'enfance. Cette profonde manipulation morale suppose dans l'être qui s'y soumet de la souplesse, de la plasticité ; à mesure que les habitudes s'enracinent, le travail de la volonté devient plus pénible et plus difficile, si, au lieu de suivre le tempérament, elle entreprend de le redresser.

Le cycle de cette éducation intérieure se modèle sur l'évolution physique qui fait passer la même personne par les charmes naïfs des premières années, la grâce de l'adolescence et de la jeunesse, la force de la maturité et la majesté de la vieillesse. Un corps petit et frêle, des membres délicats, une figure candide aux contours arrondis, aux lignes encore indécises, nous montrent l'homme futur sous les traits de l'enfant, comme un bouton de rose annonce la fleur ; la rose épanouie est plus belle, mais le bouton plaît souvent davantage, il a plus de fraîcheur et porte dans sa grâce la promesse de la beauté. La personne de l'adolescent en pleine croissance est souvent empreinte d'une maladresse ingénue; il ne sait que faire de ses membres qui ont poussé trop vite, il est embarrassé de se sentir si grand et si mince, et cela lui donne une timidité, une gaucherie qui contrastent avec le développement rapide de son organisme et la vivacité impétueuse de son âge. Dans l'unité d'une même vie, l'enfant représente le charme, le jeune homme la souplesse élégante ; l'homme fait y représente la beauté par la plénitude des forces, le dessin net et précis des traits et des membres, la sûreté et l'énergie des mouvements ; quant au vieillard, il rachète la décadence de sa virilité par la profondeur de son expérience et de sa sagesse pratique ; c'est la sérénité du soir après les ardeurs de midi.

Le sexe introduit dans le type humain un genre de variété stable, qui s'étend du physique au moral. La beauté féminine suppose et requiert une nuance de délicatesse, de tendresse, que la beauté virile n'exige pas, qui même y est facilement déplacée. Le corps de la femme est plus faible, les membres moins forts, les épaules moins développées, les attaches plus fines, les hanches plus larges, la taille mieux marquée. La femme a la grâce pour apanage, l'homme a la force ; le sentiment domine dans la femme, l'intelligence et la volonté dans l'homme ; l'un et l'autre se complètent et s'achèvent. Le mariage met en commun les qualités physiques et morales des deux sexes ; ainsi se forme la famille qui a tous les caractères d'une institution naturelle. Cette union ne pouvait ressembler à celles des animaux, qui se rompent d'elles-mêmes quand leur but est atteint ; étant doué de raison, l'homme doit travailler à s'élever toujours davantage au-dessus de l'animalité pure, sans viser d'ailleurs à sortir de sa condition. Son progrès moral est à ce prix : plus il s'éloigne du type animal, plus il perfectionne son individualité et par là même son espèce. La terre, peuplée d'êtres libres, ne pouvait, sous peine de déchéance, ressembler à un haras. Or, l'unité et la perpétuité du mariage suffisent pour assurer la propagation de l'espèce humaine, et elles répondent parfaitement aux sentiments les plus délicats et les plus vifs du cœur humain, qui ne sauraient, sans se ravaler et se diminuer, admettre de changement ni de partage.

En se constituant, la famille engendre de nouvelles et fortes affections dans le cœur de l'homme : l'amour conjugal, l'amour fraternel, l'amour filial, l'amour maternel. Les premières traces de ces affections, telles qu'elles se montrent chez les animaux, excitent notre intérêt, souvent notre surprise ; parfois leurs manifestations nous attendrissent ; en l'homme, où elles s'élèvent au plus haut degré d'intensité, elles sont bien plus touchantes encore ; car elles revêtent un caractère de moralité qui leur donne un prix nouveau, elles n'émanent plus seulement de la sensibilité, l'intelligence et la volonté concourent à les produire, à les entretenir, à les défendre au besoin contre la froideur et l'égoïsme. Elles font sortir l'homme du cercle étroit de sa personnalité et transportent sur des êtres raisonnables comme lui l'amour qui se serait, autrement, concentré sur le moi ; elles l'étendent sans l'affaiblir, au contraire elles le renforcent par l'extension, car le cœur humain est une source féconde d'amour qui ne s'épuise jamais en débordant sur de nouveaux objets, pourvu qu'ils n'empiètent pas sur des affections indivisibles. La nature ne nous a donné à aimer qu'un père et qu'une mère, et l'amour conjugal n'unit que deux personnes, parce que le complément naturel d'un homme, c'est une femme et non des femmes. Mais l'homme peut chérir plusieurs enfants ou plusieurs amis, parce que le concept de ces affections admet la pluralité des objets. Sollicité par l'amour, il apprend à connaître et à pratiquer les plus difficiles vertus, le travail persévérant, l'oubli de soi, l'abnégation ; il apprend même à désirer les occasions de sacrifice pour donner à ceux qu'il aime une preuve de son amour, il se transforme parfois si radicalement que toutes ses forces se concentrent sur l'accomplissement d'un devoir aimé : « Le dévouement est pour les mères non pas une « seconde nature », mais la première » (Alfred Fouillée). Étendre le cercle de ses affections, c'est donc augmenter sa moralité, pourvu que le cœur soit d'accord avec le devoir; et s'il y a antagonisme entre eux, la lutte qui s'engage est la plus pathétique de toutes. C'est la sensibilité qui donne l'assaut à la raison, et c'est la liberté qui décide.

La famille prédispose l'homme à l'esprit de société. Nous sommes faits, non pour vivre indépendants et isolés, à l'état de poussière humaine, mais pour mettre en commun nos qualités, nous aider à porter nos misères ; ainsi, et ainsi seulement, nous pourrons profiter du travail accumulé des générations précédentes et mettre à même celles qui nous suivront d'utiliser les progrès que la civilisation aura réalisés par nous. Seul, l'homme est trop faible pour résister aux forces de la nature, pour faire face à toutes les difficultés, à tous les périls de la vie. Aussi, dès l'origine, s'est-il associé pour former le clan ou la tribu; c'est le premier degré de la civilisation, celui auquel se tiennent les nomades. Lorsque des mammifères énormes, pachydermes ou carnassiers, erraient dans les forêts de la Gaule ou de la Germanie, l'homme, armé de sa hache de pierre ou de son épieu d'os, s'associait à des compagnons barbares pour accabler sous l'effort du nombre le monstre qu'il ne pouvait vaincre seul. Il s'unissait à d'autres pour résister aux ennemis communs, pour tenir tête aux tribus pillardes, pour se mettre avec sa famille à l'abri de la famine et du danger.

L'association a été la condition indispensable de la civilisation, c'est-à-dire du perfectionnement physique et moral de l'humanité. Les plus importants, les plus utiles travaux d'un homme, ses plus belles pensées et ses plus admirables découvertes, eussent été perdus, s'il n'avait trouvé des héritiers et des successeurs. A une époque surtout où l'écriture était si peu répandue et se bornait souvent à des hiéroglyphes, des familles isolées se fussent peut-être transmis quelques chants populaires ; les sauvages et les barbares ne connaissent leurs traditions que par des dessins grossiers ou des légendes orales, par des runes ou des sagas, et cependant sauvages et barbares pratiquent déjà l'association. Sans la sécurité, le loisir, l'émulation, l'instruction que seul permet le groupement des familles en tribus, la main n'eût jamais acquis cette délicatesse et cette sûreté, cette souplesse et cette vigueur savantes que suppose le passage du métier à l'art. Qu'on place à côté d'une hache de l'âge de la pierre grossière une de ces belles armes de jade poli qu'on exhume des tumulus du Morbihan, et que l'on juge de la distance ; il a fallu aux fabricants, quels qu'ils fussent, une éducation prolongée pour s'élever d'un type à l'autre. Qu'on rapproche même une statue grecque archaïque du Neptune du Parthénon, et qu'on se demande si l'art de la sculpture eût pu franchir ce pas sans des écoles et des ateliers où les progrès se transmettaient de génération en génération, du maître aux élèves, où le génie venait recueillir l'enseignement traditionnel avant de l'agrandir et de le transformer.

Néanmoins, pour que l'accession de l'homme à la société laisse subsister toute sa beauté originelle en y ajoutant celle qui résulte de la collectivité des intelligences et des énergies, il est nécessaire que l'état n'ait pas une forme raide et étriquée ; l'excès de gouvernement étouffe ou diminue la personnalité, et la beauté sociale ne s'obtient alors qu'au détriment des individus. L'état doit conserver un caractère primitif, patriarcal, féodal ou communal ; et si la civilisation est trop avancée pour s'accommoder à des formes surannées, il faut que le lien social soit encore assez lâche et assez souple pour ne pas ôter à l'homme la beauté de son action libre et la vigueur de son initiative personnelle. La douane et les droits réunis, la régie et les contributions indirectes passeront difficilement pour des institutions esthétiques.

Les régimes de centralisation administrative et de despotisme bureaucratique contrarient trop constamment et dépriment trop la volonté humaine pour qu'elle puisse conserver sa sève et son énergie de plante sauvage. Sous un abus de protection et de direction elle défaille, elle oublie qu'elle a en elle-même des ressources telles qu'autrefois, en dehors du droit naturel, elle n'avait à porter qu'un minimum d'entraves, celles sans lesquelles l'union sociale se romprait ; alors le droit civil n'était qu'un ensemble de coutumes assez vagues et de traditions, un petit nombre de prescriptions formelles et de prohibitions. Chose curieuse, mais démontrée par l'expérience, rien ne discipline autant la volonté de l'homme que la pression administrative continue; elle use ses résistances et l'oblige à ne reconnaître pratiquement d'autre initiative que celle de l'État, de sorte qu'elle aboutit à des résultats plus complets et plus définitifs que le despotisme personnel. Contre la tyrannie d'un homme il y a, pour ceux que le respect de la vie humaine n'arrête pas, la ressource des Harmodius et des Aristogiton, et quand l'humanité est fatiguée d'un monstre, il se trouve un ami complaisant pour aider Néron à se couper la gorge ou une Charlotte Corday pour planter un couteau dans le cœur de Marat. Mais pour se débarrasser de cette oppression anonyme, incessante, jamais violente et toujours légale, pour rompre les mille mailles de ce réseau, il ne faut pas moins que la dictature d'un réformateur ou l'effort énergique et persévérant d'une nation. Et pourtant, sans la culture personnelle de la volonté, sans ses développements et ses initiatives légitimes, la beauté humaine reste inachevée ; on trouve dans ces sociétés si bien réglées des fonctionnaires modèles et des intellectuels, mais on y cherche des hommes qui sachent vouloir.

De tout ceci il suit que la plus hideuse des institutions sociales est l'esclavage, qu'elle blesse totalement et absolument le sens esthétique. En effet, elle a pour effet immédiat de dépouiller l'homme de toute liberté pratique et de sa personnalité civile. Elle le prive même des affections familiales, car peut-on qualifier de famille ces unions rompues sur le marché aux esclaves par le hasard des ventes et des achats ? Elle l'asservit non pas même à la volonté d'un maître, mais à ses caprices les plus tyranniques et les plus honteux. L'expérience est là, une expérience toute récente encore et bien cruelle, pour nous apprendre ou nous rappeler que la moralité de la femme esclave est un vain mot, et pourtant, sans moralité, c'en est fait de la dignité et de la beauté de l'âme. L'esclavage fait de l'homme un objet de trafic, régi par la loi de l'offre et de la demande comme le commerce des bestiaux, et par le plus juste des châtiments, le maître qui achète son semblable ne se dégrade pas moins lui-même au point de vue moral. Les monstruosités s'entassent ; la facilité de l'adultère dissout le lien de la famille, ou bien elle altère l'institution du mariage qui dégénère en une polygamie sans autres limites que celles de la richesse individuelle. Pour garder ces armées d'épouses, il faut des serviteurs qui ne puissent en aucun cas faire tort aux intérêts conjugaux du maître, et c'est ici que triomphent les Arabes armés du couteau à eunuques. Ainsi les horreurs de l'esclavage rejaillissent sur ceux qui les pratiquent et développent largement en eux la luxure et la férocité. Toute société bien ordonnée doit donc éloigner d'elle cette peste.

Il suit encore de là que le sentiment religieux doit prendre une forme sociale et grouper dans un même culte extérieur ceux qui sont unis par une commune croyance. Rien ne distingue mieux l'homme de l'animal que ce sens qui le pousse à reconnaître et adorer un Être supérieur. Il est certain que, chez les plus intelligents des animaux, les observateurs les plus attentifs n'ont jamais surpris la moindre manifestation d'un pareil sentiment. C'est donc bien une propriété spécifique de l'homme, et ce n'est pas sans raison qu'on l'a défini un animal religieux. Ce sentiment le met à la place qui lui convient, il l'empêche de se regarder comme la fin des créatures inférieures; il l'ennoblit, parce qu'il arrache l'âme au monde des phénomènes extérieurs et lui ouvre une communication avec l'invisible ; il le soustrait à l'empire des sensations pour lui faire goûter des joies nouvelles et mystiques ; il l'enlève au temps et le rapproche de l'éternité ; il lui donne l'intuition d'une vie sans limite et lui fait comprendre qu'en dehors de l'Être souverain, qui l'a créé et dont il se sent dépendre, il n'y a pour lui ni repos immuable, ni fin dernière.

Le sens religieux a sa racine dans l'intelligence. En se considérant lui-même, en considérant les créatures qui l'entourent, l'homme se demande d'où il vient et d'où elles sortent ; il comprend que ni elles, ni lui n'ont en eux-mêmes la raison de leur existence et qu'il est inutile de remonter indéfiniment, pour l'expliquer, la chaîne des causes secondes ; cela ne fait que reculer la difficulté sans la résoudre. Il entrevoit ainsi l'existence d'un Être supérieur à lui-même et au monde, et c'est à cet Être qu'il adresse ses hommages et son adoration. La sensibilité prend une part active aux manifestations intimes du sens religieux, et la volonté en subit le contre-coup; Il agit sur l'homme comme un ferment et mêle à la prose de sa vie une poésie intense et purifiante qui fait lever cette pâte molle ; il réforme efficacement et améliore sa vie morale en rattachant à la volonté de Dieu l'idée du devoir.

Plus que tout autre, semble-t-il, ce sentiment devait se renfermer dans l'âme comme en un sanctuaire, il ne devait être qu'un lien intime et secret entre Dieu et l'homme; or, voici que nul autre ne se manifeste à l'extérieur avec plus d'éclat, que nul ne recherche avec plus de constance et de ténacité la société des croyants. La religion individuelle, c'est le rêve du philosophe ; la religion sociale, c'est la réalité pratique. Partout et toujours, chez les chrétiens comme chez les mahométans, chez les brahmanes comme chez les chamanistes, le sentiment religieux prend, à des degrés très divers, la forme d'un culte extérieur, et cette constance prouve qu'il obéit ainsi à une loi organique. Partout les hommes se réunissent dans des lieux spéciaux pour offrir à Dieu leurs hommages, spirituels ou grossiers. Rien de plus favorable, l'expérience en témoigne, que ces réunions et ces fêtes pour la conservation du sentiment religieux qui s'affaiblit dans l'isolement et se réchauffe au contact de la prière commune. Ici comme ailleurs, la nature sociale de l'homme triomphe de tous les obstacles et s'affirme sans cesse.

CHAPITRE X

LES RACES HUMAINES

Parmi les hommes il s'est formé des races, voilà un fait d'expérience. La séparation des peuplades qui s'en allaient, loin du berceau primitif, porter et propager la vie humaine, l'action énergique et continue du milieu sur des êtres sans défense, les mariages contractés pendant de longues générations entre les individus de ces tribus isolées, le genre de vie qu'elles embrassaient ou que le territoire de leur nouvelle patrie leur imposait, toutes ces causes concoururent à introduire dans l'espèce des différences qui se consolidèrent avec les siècles et se transmirent des pères aux enfants. En marchant à la conquête du monde, les hommes préparaient sans le savoir la distinction des races ; le milieu se chargeait de modeler les types et d'agir sur les sources profondes de la génération, seules capables de transmettre des caractères acquis. Cette modification persistante était comme le sacre de l'homme par la nature qui l'introduisait dans ses domaines ; les familles, efficacement adaptées aux conditions nouvelles de leur vie, recevaient par le fait même la mission de peupler le pays qui les avait façonnées à son image. Nulle part l'homme n'est autochthone, dans le sens que les anciens donnaient à ce mot ; mais les races sont vraiment les filles de la terre, en tant que races elles sont nées du sol et du climat.

Les races ont une double mission dans le temps et dans l'espace. Leur mission dans l'espace, c'est d'occuper le territoire que désormais leur tempérament leur assigne ; la mission dans le temps, c'est de modifier à leur tour, d'assainir par la culture le sol qui les porte, d'en tirer leur nourriture, d'améliorer les conditions de leur existence, de cultiver leur esprit, d'asseoir leurs institutions, en un mot d'édifier une civilisation appropriée à l'époque et aux lieux. Plus cette civilisation sera parfaite, plus elle tendra, sans cesser d'être avant tout locale, à se répandre hors de ses limites naturelles. L'universalité est un signe de force et un caractère de beauté. Ainsi l'hellénisme a conquis l'ancien monde, il a imposé partout ses mœurs, sa langue, sa littérature, son art. Toute civilisation complète est durable et ne s'efface jamais entièrement; même après avoir disparu avec le peuple qui lui avait donné naissance, elle reparaît dans ses rejetons les plus vivaces sur un sol étranger et porte des fleurs nouvelles.

La race est la division primitive; mais le temps et la nature ne se sont pas arrêtés là, ils ont continué leur œuvre, et dans le sein d'une même race des branches diverses se sont formées. A moins de s'en tenir à des généralités sans valeur, il est impossible de caractériser les races sans rappeler les ramifications qui se sont introduites dans leur arbre généalogique. Aujourd'hui, il y a sur la terre des jaunes, des noirs et des blancs ; ce sont les races fondamentales dont la constitution remonte au delà des premiers souvenirs de l'histoire. Les rouges sont moins anciens sans doute, mais nul ne sait pourtant à quelle époque leur type s'est dégagé. Le mélange du sang a joué dans la formation des races secondaires un rôle considérable, et des nations entières sont le produit du métissage.

Les blancs habitent l'Europe, le nord de l'Afrique et une partie de l'Asie. Ils l'emportent sur tous les autres par la pureté du teint, la régularité des traits, les proportions du corps. Le front large et développé, l'angle facial tendant vers l'angle droit, le nez aquilin, les mâchoires sans trace de prognathisme, tels sont les traits généraux de la race blanche considérée dans ses plus beaux échantillons.

Toutefois, sa couleur n'est pas aussi uniforme que cette appellation pourrait le faire croire ; elle va du blanc pur, qui distingue si nettement les Scandinaves, au brun foncé des Maures et des Hindous, en passant par toutes sortes de nuances intermédiaires. Ordinairement, l'extrême blancheur de peau des peuples du Nord s'allie aux yeux bleus et aux cheveux blonds, tandis que la teinte brune s'associe à des yeux noirs, humides et brillants, et à des cheveux de couleur sombre. La taille et les traits ne diffèrent pas moins. Les Sémites sont petits, avec un nez fort et busqué. Les Scandinaves et les Saxons sont grands et vigoureux, et l'on reconnaît souvent en eux des types qui rappellent de près le portrait des vieux Germains tracé par Tacite : « *Magna corpora, flavæ comæ, cœrulei et truces oculi* ». Mais ils n'ont ni le profil sculptural des Grecs, ni la beauté imposante des Circassiens, ni les grands traits du galbe romain, ni le charme vif et passionné des Espagnols du midi.

Si nous considérons les dons naturels de l'esprit, les différences s'accentuent encore, et il faut plus que jamais distinguer l'Aryen du

Sémite. L'imagination profonde et créatrice qui personnifie toutes les forces de la nature, la verve poétique sous ses formes supérieures, épopée et drame, le génie philosophique, la conception des sciences mathématiques et naturelles, l'aptitude à découvrir des arts encore ignorés et à perfectionner ceux qui existent, tel est le lot intellectuel des Aryens. Du Gange à l'Atlantique, partout où un peuple de cette race a joui pendant quelques siècles d'une tranquillité qui lui a permis de s'élever à une civilisation autonome, on retrouve quelques-uns de ces dons, parfois ils éclosent tous ensemble comme dans la Grèce antique et dans l'Italie de la Renaissance. On a vanté le génie religieux des Sémites, et rien n'est mieux justifié, puisque le judaïsme et le christianisme sont nés au sein de cette race. Mais les Aryens ont connu le monothéisme de Zoroastre, ils ont entendu Aristote parler de l'Être pur et Platon chanter la Beauté incréée; c'est d'un cerveau ou plutôt d'un cœur d'Aryen qu'est né le bouddhisme qui a enseigné, avec la résignation aux souffrances personnelles, la compassion pour celles des autres.

Chose singulière, si l'on ne savait que la rectitude de la volonté n'est pas toujours proportionnée à la vigueur intellectuelle, l'âme aryenne, si richement dotée du côté de l'esprit et de l'imagination, si éminemment progressiste, quand elle n'est pas opprimée par les hommes ou par le climat, ne s'est pas toujours soutenue à la hauteur morale que supposeraient ses facultés. Ses religions ont sombré dans un polythéisme grossier et sensuel, et il n'est pas difficile de relever dans quelques-unes de ses branches le goût excessif du plaisir, la légèreté, l'esprit d'anarchie, en d'autres une propension à la dureté et même à la férocité, dont les anciens Romains nous ont donné l'exemple et dont quelques peuples modernes ont assez bien conservé la tradition.

Chez le Sémite, tout ce qui présente une haute valeur artistique ou scientifique dérive du sentiment religieux, ou bien est emprunté à une source étrangère. Le sentiment religieux a été le grand inspirateur des Sémites ; la solitude de la vie nomade et l'aridité du désert se prêtaient à la contemplation et à la poésie religieuse, mais non comme l'exubérante nature tropicale, à la divagation imaginative. Ici, la perpétuelle alternative des destructions et des générations suggérait à l'imagination aryenne l'idée d'un monde purement phénoménal, manifestation transitoire de la substance divine ; là, la nature passait nécessairement au second plan, et l'immobilité sévère des sables du désert favorisait l'idée d'un Dieu immuable. Même dans ses phases polythéistes, le Sémite ne divinise pas les causes secondes et ne sait pas leur communiquer la vie avec la naïveté de l'Aryen pasteur ; sans doute, il adorera les astres, mais il ne créera pas des mythes comme celui d'Indra, qui, sous un voile transparent, retrace le drame de l'orage. Son imagination est plus sèche, moins portée à personnifier les forces naturelles, à les animer, à les faire agir et se mouvoir, à transformer leur jeu en allégories spontanées. Lorsqu'il est monothéiste, la Cause première cache à ses yeux toutes les autres; ce ne sont plus les causes secondes qui agissent dans la nature, c'est Dieu lui-même. Très défavorable au concept des lois naturelles, cette disposition d'esprit écarte le Sémite de l'étude des sciences physiques; la religion lui suffit. Il manque de génie spéculatif, et la métaphysique n'éclot en son cerveau qu'à la chaleur d'un contact étranger; sa psychologie est d'une simplicité enfantine, comme en témoigne le vocabulaire de ses langues; il n'a aucune prétention à inventer les lois du syllogisme ou celles de l'induction, et quand il se préoccupe de la morale, c'est sous son aspect pratique qu'il l'envisage. On a pu dire, sans grande exagération, que « l'âme d'un Arabe est un Sahara moral (Emile Montégut) ». Mais il se relève par la force et la sincérité du sentiment religieux, et dans la poésie lyrique, lorsqu'il chante les louanges de Dieu ou qu'il implore son secours, il est sans égal. Pas plus que l'Aryen, il ne résiste au dissolvant de la volupté; mais il éprouve le besoin de légitimer ses faiblesses et de pallier ses vices, c'est pourquoi il pratique largement la polygamie. Ce dernier trait, avec beaucoup d'autres, le rapproche des races inférieures.

Vischer a dit, non sans raison, que plus la nature s'éloignait du type de l'homme blanc, plus elle se rapprochait du type de l'animal. Faut-il conclure de cette parole qu'il ne reste aux autres races que la laideur et la platitude en partage ? On serait loin de la vérité en soutenant une telle opinion. Il n'est pas douteux que les teintes foncées ne s'harmonisent avec le climat brûlant des tropiques. L'homme rouge de l'Amérique du sud et l'homme noir de l'Afrique sont en parfaite concordance avec les formes étranges de la flore et de la faune. Parmi les nègres, il n'est pas rare de rencontrer des individus qui plaisent aux yeux, tout en portant les caractères distinctifs de leur race, des hommes de haute taille, aux membres herculéens, dont la peau a le poli et la couleur du bronze. Trop souvent, il est vrai, la misère, l'abjection morale, le poids de l'esclavage, l'ignorance crasse, abrutissent et enlaidissent les noirs ; mais ces nègres dégradés ne représentent en aucune façon le type réel de la race.

« Pour voir l'Africain dans toute sa beauté, il faut aller le chercher dans la région de l'équateur, à l'ombre fraîche des bananeraies, au milieu de l'abondance que produit cette terre féconde. Après avoir été frappé de la teinte merveilleuse, de la puissance, de l'éclat de cette feuillée gigantesque, de la profusion de ces grappes massives, de cette végétation constamment printanière sous un ciel de feu, on remarque que les habitants s'harmonisent avec le paysage et sont non moins parfaits dans leur genre que les fruits pleins de sève qui pendent au-dessus de leurs têtes. Tous leurs traits semblent proclamer qu'ils vivent au milieu de grasses prairies, de vallées fertiles, dans un pays de laitage, de miel et de vin. La vigueur de ce sol, qui ne connaît pas de repos, paraît s'être infusée dans leurs veines ; leurs yeux brillants, au regard rapide, semblent refléter les rayons du soleil ; leur corps d'une belle nuance de bronze, leur peau fine, lustrée, humide, onctueuse, leurs bras et leurs flancs aux muscles fortement accusés, tout leur être annonce une vie exubérante

(Stanley, *A travers le continent mystérieux*, Tour du Monde, t. xxxvi, p. 59 et 60) ».

Certes il est difficile de refuser aux hommes que Stanley nous dépeint le don de la beauté, beauté de qualité inférieure, si l'on veut, beauté surtout physique, mais enfin beauté réelle. Quelques pages plus loin, le même voyageur nous dit encore :

« Notre cortège ne tarda pas à attirer des centaines d'indigènes, surtout des jeunes gens... Parmi ces derniers se trouvaient quelques-uns des fils de Roumanika, jeunes garçons nourris de laitage et en admirable condition. Leur peau onctueuse et fine, tendue sur leurs formes arrondies, brillait au soleil comme si elle eût été lustrée ; la vie débordait de leurs grands yeux rayonnants et cependant pleins de douceur. Un artiste aurait trouvé dans ces jeunes princes les modèles d'une statue pouvant rivaliser avec celle de l'Antinoüs » (p. 74).

Et ce n'est pas Stanley seulement qui, par une illusion d'optique, aurait vu de beaux hommes noirs ; Schweinfurth les a vus comme lui.

« De beaux hommes de bronze que mes modèles,

la peau d'un brun clair, la taille élancée et bien prise, de belles formes, les traits d'une régularité parfaite ; dans la physionomie, une certaine franchise qui inspirait la confiance, et un air de résolution tel qu'on devait l'attendre de pasteurs belliqueux, vivant de leur chasse autant que de leurs troupeaux. Chez tous, l'angle facial était complètement droit, le nez arrondi, nullement aquilin, mais délicat et bien fait. Les plus jeunes avaient la figure souriante, presque féminine, expression qu'augmentait la rondeur uniforme d'un front haut et bombé. Leurs cheveux longs et divisés par petites nattes se réunissaient au sommet de la tête, où ils formaient des lignes pressées et longitudinales, puis retombaient sur le cou » (*Au cœur de l'Afrique*, t. II, p. 282).

A ces témoignages il serait facile d'en ajouter d'autres qui ne sont ni moins explicites, ni de moindre autorité; Livingstone, Serpa Pinto, racontent qu'ils ont rencontré dans l'Afrique équatoriale des nègres et des négresses d'une beauté frappante. Quand la race noire habite un pays sain et fertile, lorsqu'elle ne vit pas courbée sous le fouet des planteurs, ni astreinte à un labeur écrasant, mais qu'elle se développe libre et heureuse, elle est capable, elle aussi, de s'élever à la beauté. Pas plus en Afrique qu'ailleurs, la nature ne s'est manqué à elle-même ; elle y opère d'une autre façon, mais on reconnaît sa touche dans les hommes qu'elle pétrit. Du reste, il importe de ne pas se laisser séduire par la seule magie des contours et de savoir tenir compte de l'expression. Truganina, l'héroïne de la *Guerre noire* en Tasmanie, ne pouvait sans aucun doute passer pour une beauté classique ; on n'a qu'à regarder, pour s'en convaincre, le buste en plâtre conservé à Kensington ; mais les voyageurs anglais, qui avaient vu l'héroïne, lui trouvaient des yeux superbes et pleins de feu.

Il est vrai, les nègres ne paraissent pas avoir jamais dépassé par leurs propres forces un degré inférieur de civilisation ; leurs dons intellectuels et moraux ne sont pas comparables à ceux de la race blanche, ni même de la race jaune. Il n'y a pas d'empire chinois en Afrique ; à plus forte raison, n'y a-t-il jamais eu dans ces pays un centre de haute civilisation comme la Grèce antique ou l'Europe moderne. Sculpture informe, architecture primitive, musique grossière et criarde, poésie sans inspiration véritable, tout cela se trouve souvent chez le nègre d'accord avec l'affaiblissement du sens moral et l'abaissement du sentiment religieux. Mais même sur ce point il faut se garder de calomnier la race noire. Les Anglais ont rapporté de leur expédition du Bénin une riche collection de plaques de bronze avec ornements variés et personnages ; cette collection, exposée dans une salle du British Museum, a vivement frappé les archéologues et même les artistes. Qui peut assurer d'ailleurs que cette race aujourd'hui déshéritée n'a pas connu des jours meilleurs ? Il est fort possible que son état présent soit une décadence et une déchéance. Des qualités morales solides, telles que la fidélité, la bravoure, l'amour de l'indépendance, le mépris de la mort, ne sont pas rares chez les nègres. Une des branches les plus laides et les plus décriées de la race, les Hottentots, métis de nègres et de Boschimans, professent une religion dualiste, sans idoles, certainement supérieure aux cultes de l'Inde et de la Phénicie, plus rationnelle et beaucoup moins répugnante que l'idolâtrie zoomorphique des Égyptiens, égale au moins aux cultes des peuples les plus policés de l'antiquité classique. Les Australiens reconnaissent et adorent un Dieu suprême, créateur du monde et père des hommes. Les Mincopies des îles Andaman adressent leurs hommages à un Dieu éternel et invisible. Ici encore, on s'était donc trop pressé de conclure, de ne voir dans les nègres que des fétichistes et des adorateurs du serpent, de nier leur aptitude à toute conception religieuse élevée (Cf. De Quatrefages, *Introduction à l'histoire des races humaines,* p. 258 et ss.).

« Tous les Africains que nous avons vus n'étaient pas moins persuadés de leur vie future que de leur existence présente, et nous n'en avons pas rencontré chez qui la croyance à un Être suprême n'eût des racines profondes. Ils en parlent invariablement comme de l'Auteur de toutes choses. A moins de ne pas connaître leur langue, il est impossible de ne pas remarquer ce trait caractéristique de leur foi » (Livingstone).

Si des nègres nous passons à la race rouge de l'Amérique, nous trouvons chez les Indiens du Nord le culte du Grand Esprit, créateur et régulateur de l'univers, plus actif, plus puissant et moins entaché d'anthropomorphisme que le Zeus hellénique. Les Indiens du Sud ne paraissent pas inférieurs sur ce terrain aux Peaux-Rouges des États-Unis.

« Le Caribe ne confond pas Tamoussicabo, le *Vieux du ciel,* avec le soleil, *veyou.* Même le Péruvien, adorateur des astres, s'élève à l'idée d'un Être qui règle la marche des astres. Le soleil porte dans la langue de l'Inca, presque comme en sanscrit, le nom d'*inti,* tandis que Dieu est appelé Vinay Huaynu, l'*éternellement jeune* (Humboldt, *Voyage aux régions équinoxiales du Nouveau Continent,* t. III, p. 523 et s.) ».

Voilà des conceptions philosophiques et religieuses qui font honneur à l'esprit d'une race. Du reste, ses œuvres parlent pour elle et témoignent de sa capacité civilisatrice. Ce n'est pas un peuple médiocre qui a fondé dans l'Amérique du Sud le vaste et puissant empire des Incas, sillonné de chaussées qui franchissaient les Andes, relié par un système de courriers qui se transmettaient les uns aux autres les ordres partis de Cuzco. L'écriture n'existait pas encore, il est vrai, et des séries conventionnelles de nœuds serrés sur des cordelettes servaient d'aide-mémoire et de messages; mais rien ne prouve que les Quichuas fussent incapables d'imaginer des caractères hiéroglyphiques. Les violences de la conquête espagnole détruisirent l'empire des Incas et interrompirent le développement normal de sa civilisation; nul ne sait jusqu'où les Quichuas se seraient élevés, mais les progrès déjà réalisés par eux permettaient d'en espérer de nouveaux. Les Mayas du Yucatan, les Chibkas de Bogota, les Aztèques de Mexico, avaient aussi fondé des civilisations originales que les Espagnols supprimèrent brutalement. La céramique, la sculpture, l'architecture, étaient cultivées avec succès sur le plateau des Andes comme dans l'Anahuac. Au Mexique, la religion était malheureusement souillée par d'innombrables sacrifices humains; mais cette barbare coutume était inconnue des nations policées de l'Amérique du Sud. Les archéologues ont remarqué que les Péruviens repliaient les cadavres et leur donnaient l'attitude du fœtus dans le sein de la mère, parce que la terre était considérée comme la mère universelle qui préparait les hommes à une nouvelle naissance. Schelling, à qui M. Troyon soumettait cette explication, répondit à son interlocuteur : « C'est plus que la foi à une autre vie, c'est bien l'idée de la résurrection du corps ». (Frédéric Troyon, *Lettre à M. Alexandre Bertrand sur l'attitude repliée dans les sépultures antiques*, Revue archéologique, 1864, t. I. p. 275).

Les Yankees se souviendront longtemps des efforts qu'il a fallu faire et des hommes qu'il a fallu sacrifier pour soumettre les tribus indiennes, Sioux ou Séminoles, Comanches ou Apaches, dont la férocité ternissait, il est vrai, le courage, mais qui ont su lutter avec une constance si héroïque contre l'envahissement des Anglo-Saxons. Ce n'étaient pas des hommes vulgaires, ces Indiens graves et taciturnes, qui mettaient au service de la liberté et de l'indépendance nationales tout ce que la ruse et la bravoure ont de plus extrême. Aujourd'hui encore, nous disent les ethnographes, le feu sauvage qui brillait dans leurs yeux ne s'éteint en leurs descendants qu'après plusieurs générations de métissage.

Élisée Reclus a visité les Goajires qui habitent près de la Sierra de Sainte-Marthe, en Colombie, et il déclare que, malgré leur peau d'un rouge de brique éclatant, ils sont « resplendissants de beauté », qu'ils sont grands, robustes, inaccessibles à toute crainte ; leurs femmes sont belles et se drapent avec une élégance naturelle dans leurs manteaux (*La Nouvelle Grenade*, Revue des Deux-Mondes, mai 1860, p. 68 et 69). Le témoignage du savant géographe est confirmé par le récit du comte de Brettes qui a vu chez les Goajires des jeunes filles « d'une beauté admirable » (*Tour du Monde*, 1898, p, 442). M. Domenech, missionnaire au Texas, était frappé de la beauté farouche des femmes comanches.

Le voyageur espagnol Maurelle assure que certaines Indiennes de la Californie ne sont pas inférieures aux plus belles de ses compatriotes.

Les Peaux-Rouges ont d'ordinaire la figure carrée, la face plate avec des pommettes saillantes, peu ou point de barbe, de longs cheveux noirs et plats. Ils ont des traits évidents de ressemblance avec les tribus sauvages de la race jaune, qui habitent les espaces déserts de la Sibérie et les steppes de l'Asie centrale.

Les jaunes sont en général de taille moyenne; eux aussi ont, avec les yeux bridés qui ne sont pas rares dans certaines familles indiennes, la face plate, les pommettes saillantes, la bouche largement fendue, les cheveux noirs; le nez est petit, écrasé à la base. Les enfants sont souvent jolis; mais, vers l'âge de quinze ans environ, les caractères physiques de la race s'accentuent d'une manière désagréable, excepté dans les branches métissées. Les Tartares sont très vigoureux, les Chinois souples, agiles, infatigables au travail et très sobres.

Les jaunes ont fondé deux civilisations originales, celles de la Chine et du Japon. Sans doute, elles ont été frappées d'un arrêt de croissance ; après avoir longtemps progressé, elles sont restées stationnaires et, sous bien des rapports, entachées d'une certaine puérilité qui contraste avec la date si reculée de leur origine. Cela leur donne des airs d'enfants tombés dans la décrépitude sans avoir passé par l'âge viril.

Néanmoins, il sied mal aux nations modernes de se moquer de la plus ancienne civilisation qui soit sous le ciel. A une époque où la Chine était régulièrement organisée et adorait un Dieu unique (cf. De Harlez, *Les croyances religieuses des premiers Chinois*, Mémoires de l'Académie Royale de Belgique, 1888), quelques tribus sauvages chassaient l'aurochs à coups de flèche dans les forêts de la Gaule et de la Germanie, et la Grèce n'existait pas encore. Quand on a fourni une si longue carrière, on a peut-être quelque droit à n'être plus aujourd'hui qu'un « magot sénile » ;

l'œuvre accomplie n'en a pas moins été forte et durable. Le peuple qui a découvert la boussole, le papier, l'imprimerie, la poudre à canon, qui a porté la céramique à un haut degré de perfection, qui a couvert le sol de canaux et de cultures, qui a une littérature, une histoire, ce peuple ne saurait passer pour dénué d'intelligence. Tout cela porte, il est vrai, une empreinte assez déplaisante qui gâte l'effet général ; cette civilisation est toute pratique et terre à terre ; elle ne fait pas leur part aux facultés supérieures, et l'on est tenté de conclure que ces facultés ne sont pas très développées chez les Chinois. Leur civilisation a recherché et a produit ce qui était utile, nécessaire ou agréable à la vie ; mais, comme leur peinture, elle manque de perspective. L'étendue, la profondeur et le progrès des sciences se ressentent de cet état d'esprit national. Jamais peuple n'a été plus près de réaliser le paradoxe de Condillac : « La science n'est qu'une langue bien faite » ; en Chine, on est d'autant plus savant que l'on connaît plus de caractères ;

c'est là dessus que roulent ces examens compliqués d'où l'on tire, par sélection grammaticale et philologique, une élite d'administrateurs. La philosophie chinoise est très courte ; elle ignore la métaphysique et la psychologie et ne connait que la morale. Encore cette morale est-elle avant tout sociale ; elle a pour but beaucoup moins de sonder les premiers principes de la science, que de régler par aphorismes les relations des Chinois entre eux. Néanmoins, la philosophie de Confucius a eu un grand et durable succès dans l'empire ; elle est toute la religion des lettrés qui rendent les honneurs divins au philosophe ; c'est une manière de satisfaire le sens religieux sans contredire le maître qui n'a point fait de place à Dieu dans sa philosophie, parce que, disait-il, « le ciel ne parle pas ». Que l'on compare cette morale sans Dieu à la théorie de Kant qui trouve précisément dans la sanction de la loi morale la preuve la plus convaincante de l'existence de Dieu ; que l'on compare cette surdité du philosophe, qui n'entend pas le ciel parler, à l'enthousiasme du psalmiste hébreu qui comprend son langage :

> *Les cieux racontent la gloire de Dieu,*
> *Et le firmament publie les œuvres de ses mains.*
> *Le jour le chante au jour*
> *Et la nuit l'apprend à la nuit.*
> *Ce n'est point un langage, ni des paroles*
> *Dont la voix soit inintelligible.*
> *Leur son se répand par toute la terre,*
> *Et leurs paroles jusqu'aux confins du monde.*
>
> (Ps. XVIII.)

Il est clair que la supériorité philosophique et le sens religieux ne sont pas du côté de Confucius. Au moins sa doctrine n'a-t-elle jamais été souillée par l'impureté et les sacrifices humains. Le taoïsme, fondé par Lao-Tsé et qui compte bon nombre de sectateurs, enseigne en théorie à suivre la voie droite de la raison divine ; malheureusement son culte est déshonoré par des idolâtries ridicules. Au fond, le Chinois est matérialiste et se moque volontiers des superstitions nationales, sans savoir du reste s'en affranchir. En dépit de toute la morale de Confucius, les pratiques les plus odieuses, la servitude de la femme, l'avortement, l'infanticide, sévissent dans la famille chinoise. Enfin, la seule religion commune à tous les habitants de l'Empire du Milieu, c'est le culte des ancêtres, qui ne manque pas d'analogie avec le culte hellénique des mânes. Cette vénération des ancêtres, jointe à l'adoration des forces de la nature, constitue tout le fond du sintoïsme, la religion nationale des Japonais. Ce peuple, si fin pourtant et si intelligent, avait abouti à la religion du renard, et l'effroi que causait cet animal était général dans les campagnes japonaises.

Ainsi la race jaune, qui a fait preuve en tant de points d'un esprit vif et délié, d'un talent d'organisation poussé à l'extrême, n'a pas su conserver ses avantages dans les questions philosophiques et religieuses, et cette infériorité a sans nul doute contribué largement à la stagnation et à la décadence des civilisations de l'Extrême-Orient. En revanche, dit-on, ces pays ont su longtemps avant nous pratiquer la tolérance civile à l'égard des cultes dissidents.

Bien que l'heure soit mal choisie pour vanter la tolérance des Chinois, il est certain que leur indifférence religieuse ne s'effrayait pas de l'importation de cultes étrangers ; mais la condition tacite et nécessaire de cette tolérance était le respect des mœurs et des coutumes chinoises. Aussitôt que le culte des ancêtres eut été condamné à Rome, la persécution se déchaîna contre les missionnaires et les convertis. On sait qu'à force de supplices, les Japonais, qui craignaient pour leur indépendance nationale, extirpèrent de leur pays le catholicisme qui y avait déjà jeté de profondes racines.

Aujourd'hui ces grands empires s'ouvrent de gré ou de force aux influences étrangères ; la civilisation européenne pénètre partout comme autrefois l'hellénisme ; mais le théâtre de l'expérience moderne s'est singulièrement agrandi. Les Grecs opéraient sur le petit monde d'autrefois, que le Sahara limitait au sud, la Germanie et la Scythie au nord, la Perse et les steppes de l'Asie centrale à l'est ;

l'Europe opère sur tous les continents, anciens et nouveaux, et déjà la terre paraît trop étroite à son activité.

CHAPITRE XI

L'HOMME ET LA NATURE.

Voilà donc ce que la nature fait de l'homme, comment elle le modifie, assouplit son tempérament au milieu, lui suggère par les mille objets dont elle l'entoure des idées nouvelles ; elle se reflète dans son imagination qu'elle féconde, l'assombrit par le spectacle de ses désolations, l'égaie par ses charmes, l'éblouit de ses magnificences. Pour compléter ce tableau, il est nécessaire de considérer maintenant ce que l'homme fait de la nature, le genre et l'étendue de l'influence qu'il exerce sur elle.

La nature est comme un haut monument, posé sur de larges et solides substructions, dont les assises se rétrécissent de degré en degré jusqu'au socle qui porte la statue. Le fondement de ce grand édifice, c'est le règne minéral sur lequel tout repose, sans lequel rien n'est possible. Toutefois, ces fondations ont une importance surtout relative ; un monde, exclusivement composé de roches et de métaux, paraîtrait à bon droit une création inférieure et grossière, attristante et bornée. Mais sur cette base la nature a déployé les richesses de la vie végétale et animale, devenant, semble-t-il, plus avare de ses œuvres à mesure qu'elle leur dispensait plus largement la beauté et balançant l'infériorité du nombre par la perfection du travail. Au sommet, elle a placé l'homme, la plus belle des créatures terrestres et la seule raisonnable. La vie complète et justifie l'existence du monde inorganique ; à son tour, la raison explique la vie, et elle suppose le langage. Inconsciente jusque-là, sourde et muette, la création a trouvé en l'homme, avec un sujet pensant qui la conçoit, un organe d'expression.

Ainsi doté d'une intelligence supérieure et d'une volonté libre, l'homme ne peut manquer de réagir sur la nature. Après en avoir subi l'ivresse et souvent le joug, il se raidit et la dompte. Il éclaircit les forêts, modifiant ainsi l'air et le climat ; sous l'ombre opaque des bois il faisait chaud et lourd ; après la trouée, le vent a circulé dans l'espace libre, l'air est devenu plus sec et plus sain. La charrue a labouré le sol et en a fait surgir les moissons jaunissantes, si chères aux poètes classiques. Les animaux sauvages se retirent devant lui ; en un sens, la faune s'appauvrit ; mais elle s'enrichit à vrai dire, puisque leur recul laisse libre le sol sur lequel l'homme va croître et se multiplier. Cet appauvrissement d'une part, ces richesses nouvelles de l'autre modifient profondément le caractère de la nature. La vie devient moins intense ; les rangs des végétaux s'éclaircissent, les bêtes fauves émigrent ou succombent. En revanche, celui qui se substitue à eux appartient à l'ordre le plus élevé de la création ; sa présence, ses actes, ses travaux communiquent à la nature ce caractère d'intelligibilité qui résulte d'une disposition clairement intentionnelle et raisonnable. Les ouvrages de l'homme, même les plus simples, une cabane de planches, un petit jardin, un champ de blé, portent l'empreinte d'une intelligence qui a ordonné librement des moyens divers à une même fin. La perte n'est donc sensible pour la nature que si l'homme, se laissant entraîner par un instinct aveugle de destruction, anéantit toute la faune et supprime tous les arbres ; le paysage prend alors un aspect morne et désolé, comme un visage, jadis brillant de santé, maintenant ravagé par la consomption et l'anémie.

Le caractère des peuples se trahit encore ici par leur attitude à l'égard de la nature : les uns coupent les arbres, les autres en plantent. Un pays pelé jusqu'aux os n'est supportable que si les lignes du terrain sont pittoresques et que la lumière revêt toute cette nudité de sa magie. Du reste, avec la flore, toute la faune sauvage disparaît ; non seulement il n'y a plus de loups, ce qui est un progrès, mais il n'y a plus ni sangliers ni renards, ni lapins ni lièvres, ni cailles ni perdrix, et les chasseurs obstinés n'ont d'autre ressource que de tirer aux casquettes. Au contraire, si des coins sauvages sont respectés, ils fournissent un abri aux hôtes naturels des bois ; l'homme vit en contact habituel avec eux, il a sous les yeux non plus seulement des animaux abâtardis par la domestication, mais des bêtes rapides à la course et au vol, farouches ou joyeuses, qui s'ébattent à l'aube « parmi le thym et la rosée ». Ce contact avec les bois et la faune qui s'y multiplie librement lui est utile pour le préserver des excès de civilisation ; il entretient la fraîcheur de son imagination, excite en lui le goût de la vie en liberté, dans des campagnes qui ne connaissent ni les institutions compliquées, ni les entraves des sociétés urbaines. C'est une belle et noble pensée qui a porté les Américains à réserver sur leur territoire cinq parcs nationaux dont l'étendue dépasse celle du royaume de Saxe.

Il faut distinguer d'ailleurs la solitude du désert. Quand l'homme est rare dans quelque territoire, quand ses traces n'y apparaissent que de loin en loin, la solitude y règne ; c'est un lieu où l'on peut se recueillir et se livrer à ses pensées sans trouble ni distraction. Mais quand l'homme est totalement absent d'un vaste espace de terrain, c'est le désert, et l'impression est triste ; on dirait que la nature y est tronquée, puisqu'elle n'a su ni attirer ni fixer quelques représentants de l'espèce supérieure. Rien de plus charmant, au contraire, d'après les récits des voyageurs, que les abris de l'homme sauvage, capricieusement semés çà et là dans une mer de verdure admirablement fraîche ; Stanley était tout ému en apercevant sur les bords du Tanganyika les huttes des pêcheurs nègres. Nous éprouvons un sentiment analogue, moins vif peut-être, mais plus doux encore, en découvrant dans quelque coin de nos campagnes une chaumière dont l'été sème le toit de paille d'herbes et de fleurs. C'en est assez pour grandir la nature, jeter sur elle un peu de poésie humaine ; c'est trop peu pour lui ôter le charme du silence et le calme de la solitude. Dans mes promenades à travers les vallées reculées des Alpes tyroliennes, il m'est arrivé de rester en admiration devant quelque chalet rustique qui tout à coup se détachait sur la blancheur de la neige ou le vert sombre de la forêt ; c'était la note humaine dans ces symphonies de la nature. En ces grands paysages où la nature éclipse plus ou moins l'homme par la splendeur de ses manifestations, on aime à entendre quelquefois la voix de ses semblables, à reconnaître la trace de leurs travaux ou de leur passage. La nature toute seule nous accable à la fin de sa majesté farouche.

L'homme organise et embellit la nature. En des terrains arides où ne croissaient que des bruyères, il plante des pins et des sequoias ; où des prairies se déroulaient seules à perte de vue, il dissémine des massifs de chênes ou de hêtres et relève ainsi un paysage trop plat, trop monotone. Où l'herbe seule poussait, il sème des corbeilles de fleurs, il transporte d'un pays à l'autre et acclimate des plantes variées qui enrichissent la flore, souvent pauvre ou médiocre, de leur nouvelle patrie. Sous ce rapport, il n'y a pas de comparaison possible entre la flore des jardins antiques et celle des nôtres, multicolore et parfumée, où les chrysanthèmes du Japon se rencontrent avec le datura odoriférant du Mexique et la solandre à grandes fleurs qui vient des Antilles, où le lys cohabite avec le gynérium des Pampas.

Mais il est toujours délicat de rester fidèle à la nature en la corrigeant ; l'homme est porté à trop émonder, à trop diriger, à mettre aux plates bandes des bordures de buis soigneusement taillées. Alors ce n'est plus un embellissement, c'est un asservissement de la nature aux caprices architecturaux et décoratifs ; c'est l'art des jardins, chose éminemment artificielle, bien que les éléments employés soient empruntés à la nature, et l'on n'a plus sous les yeux qu'une œuvre d'art *sui generis* qui encadre à souhait des bâtisses régulières et solennelles.

Embellir délicatement, enrichir avec discrétion la nature, c'est faire preuve de bon goût. S'essayer à faire la toilette de la nature, c'est un signe de mauvais goût. Il y a pis encore : c'est le procédé de ceux qui n'ont pas de goût, ni bon ni mauvais, et dont l'utile seul règle les désirs. Ceux-ci tranchent le pied des lianes qui grimpent autour des troncs d'arbres ; ils arrachent soigneusement « les mauvaises herbes », les genêts parasites, et rêvent de transformer un parc en un potager colossal. Ils écrasent les papillons par crainte des chenilles qui dévoreraient leurs choux, et livrent impitoyablement aux chats les petits des oiseaux chanteurs qui mangeraient peut-être les grains de leurs semis. Il leur arrive de planter des arbres, mais ce sont des arbres fruitiers, et si les fruits ne sont pas comestibles, du moins les fleurs serviront au miel de leurs abeilles. Les engrais puissamment azotés et les meules de foin, les betteraves et les pommes de terre, voilà le cercle de leurs rêveries, et tout indique qu'en leur cervelle habite une sœur de l'âme qui vivait en Bouvard et Pécuchet.

Poussées à ce point, les préoccupations utilitaires sont excessives et abusives. L'homme ne vit pas seulement de pain, et Ampère avait raison de dire que le but de la création inorganique était avant tout « de fournir des idées aux esprits ». La nature n'est pas faite uniquement pour assouvir nos besoins matériels ; d'abord elle doit servir à nos besoins intellectuels et moraux, développer en nous le sens du beau et le goût de la poésie ; il faut qu'elle apaise et rassérène notre âme par le spectacle de sa paix et de sa sérénité, par la majesté et la constance des lois qui la régissent ; il faut enfin qu'elle serve à notre pensée d'échelon pour monter jusqu'à Dieu, auteur de la nature. Voilà ce qu'elle fait pour les hommes qui savent la contempler et prêter l'oreille à ses mille voix ; c'est la diminuer, c'est la ravaler, de n'y voir que des carrés de laitues ou des fonds à mettre en valeur.

Par les sens et l'imagination, la nature s'est insinuée dans le langage de l'homme. La métaphore et la comparaison ont été spontanément empruntées aux spectacles que les yeux contemplent. C'est pourquoi la poésie sémitique diffère de celle du Ramayana ; les strophes des poètes hébreux réfléchissaient comme un miroir la maigre et saisissante nature de la Palestine, tandis que les splendeurs des forêts de l'Inde, les effrayantes profondeurs de ses jungles, la masse de ses fleuves, se traduisaient en images désordonnées dans les vers de l'épopée aryenne. Au contraire, la poésie grecque s'est facilement acclimatée en Italie, parce que les Romains reconnaissaient en elle des traits empruntés à une nature pareille à celle de leur pays ; à travers ces épithètes et ces images, ils percevaient des choses et des phénomènes étroitement apparentés à ceux qu'ils voyaient tous les jours.

Cette habitude de voiler la réalité sous une image qui l'exprime, mène tout droit au symbolisme. Le propre du symbolisme, c'est d'attribuer à un objet naturel une qualité ou un état moral dont il est incapable, mais dont tel ou tel caractère physique semble retracer l'image. Par exemple, le soleil, qui est l'astre le plus éclatant de notre ciel, devient le symbole de la prééminence ; quand Louis XIV mit son image dans ses armes, personne ne s'y trompa en Europe, et la devise significative : *Nec pluribus impar*, n'eût pas même été nécessaire. Le saule pleureur n'est pas, a-t-on dit, plus pleureur que les autres saules ; mais l'affaissement uniforme de ses rameaux représente aux yeux des hommes l'accablement que produit une profonde tristesse. La violette non plus n'est pas plus modeste que tout autre fleur ; mais au lieu de s'épanouir en plein soleil sur une tige élevée, elle se cache dans l'herbe où son parfum la trahit, et comme le propre de la modestie est de fuir les regards des autres, il a paru tout naturel de prendre la violette comme symbole de cette vertu. Ou bien ce sont des détails singuliers de conformation qui ont rappelé tel objet matériel, lié à titre de cause instrumentale à quelque grand événement. Dès que les Espagnols aperçurent les passiflores dans les forêts du Nouveau Monde, ils crurent y voir les instruments de la Passion ; la couronne d'épines était représentée par les filaments aigus de la corolle, les clous et le marteau par les anthères et les stigmates élargis, les cordes par les vrilles de la tige ; dès lors, ces fleurs sont devenues pour tout le monde des fleurs de la Passion. Ceci est, d'ailleurs, le degré le plus inférieur du symbolisme.

A son tour, le règne animal a été mis à contribution ; le langage humain a incarné en des types choisis et appropriés des idées ou des vertus, des vices ou des ridicules. La blancheur de la colombe en a fait le symbole de la pureté ; l'air martial et la force du lion sont devenus le symbole du courage, tandis que la prunelle fauve et luisante, les yeux fuyants et le rictus du tigre rappelaient l'idée de férocité. Les insectes parasites ont symbolisé les hommes qui vivent aux dépens de la table et de la bourse d'autrui. Enfin, l'homme lui-même a représenté sous ses traits des vertus ou des vices, la justice, la charité, l'espérance, l'orgueil, l'hypocrisie, et rendant à la nature ce qu'il avait reçu d'elle, il a personnifié les objets qui le frappaient, la mer, le soleil, les fleuves ; mais déjà nous sortons ici du symbole naturel pour entrer dans le domaine de l'anthropomorphisme et de l'art.

En quoi consiste la beauté propre du symbolisme ? Elle consiste à mettre au service de la raison et de la vie des êtres inanimés ou privés de raison, à rapprocher de l'ordre rationnel ce qui en était essentiellement séparé. Le symbolisme anime ce qui est dépourvu de souffle vital, il répand des clartés intelligibles sur ce qui est né hors du cercle de l'intelligence. En passant par les images des objets matériels, l'homme parvient à concevoir l'immatériel ; on peut dire que le symbolisme est l'opération inverse, puisqu'il peint l'immatériel sous les couleurs des objets qui s'en rapprochent de quelque manière ; appuyé sur une propriété réelle, il attribue la valeur représentative d'une idée à des êtres inférieurs. Ainsi l'esprit rentre en maître dans la nature ; il plie et adapte ses formes ou ses phénomènes à la signification de ses concepts ; c'est une reprise de l'intelligence sur la matière. On a cru à tort que le symbolisme était l'effet d'un caprice poétique, et la maladresse du choix de certains symboles l'a trop souvent frappé d'un discrédit qu'il ne mérite pas. Mais si l'on réfléchit qu'il est partout en usage, on conviendra qu'un caprice universel serait déjà chose singulière ; et si l'on examine ses fondements rationnels, il paraîtra ce qu'il est, un procédé de l'esprit humain pour rendre ses idées visibles ou tangibles.

CHAPITRE XII

L'AUTEUR DE LA NATURE

Toute étude des beautés naturelles est incomplète, si l'univers y est considéré comme un ensemble d'êtres indépendants, sans lien d'union avec l'Être souverain qui les a créés. Sans doute, il serait puéril de le nier, la nature vaut par elle-même, elle vaut même tant que, si la raison n'y apporte le correctif nécessaire, l'homme court le risque de s'y attacher exclusivement et d'y mettre toute sa joie. Ne voir en elle qu'un symbole expressif de la puissance et de la beauté de Dieu, écarter de parti pris tout examen détaillé de ses splendeurs en elles-mêmes ou repousser la jouissance qui en résulte, c'est tomber dans un excès dangereux ; autant vaudrait ne s'intéresser aux frises du Parthénon que pour contempler en elles et par elles le génie de Phidias. Ce n'est pas ainsi que les artistes procèdent ; ils savent fort bien que les statues grecques de la belle époque révèlent la supériorité de conception et l'habileté de main de ceux qui les ont faites, ils n'ignorent pas tout ce qu'on peut tirer, des œuvres d'un auteur, de renseignements curieux sur lui-même ; tout cela est juste, et ils ne songent pas à le nier. Comparer la manière dont les grands artistes ont traité le même sujet, n'est-ce pas, en effet, le plus sûr moyen de discerner le caractère personnel de leur génie ? Mais ce procédé même suppose que l'on a d'abord examiné chaque œuvre à part ; comment comparer ce que l'on connaît mal ? L'étude approfondie de l'œuvre d'art en elle-même et pour elle-même s'impose donc avant tout, et il serait malaisé de prouver qu'en s'appliquant aux œuvres de Dieu, ce procédé cesse d'être légitime.

Mais, d'autre part, personne ne conteste l'intérêt des déductions raisonnées que l'esprit tire de cet examen sur le génie et le tempérament des auteurs. La psychologie des grands hommes y trouve des matériaux nombreux et authentiques ; l'exactitude de ces déductions, leur profondeur, leur originalité, sont devenues l'un des buts principaux que poursuit la critique. Ce genre d'étude semble avoir un attrait tout particulier pour nos contemporains, il opère quelquefois de bienfaisantes révolutions dans le goût public : rien n'a plus contribué peut-être à ramener l'attention sur Michel-Ange que les pages de Taine, concluant de l'analyse de ses œuvres que le grand artiste avait « une âme de dieu tombé ».

Mais, après tout, Michel-Ange et Raphael, Mozart et Beethoven, quel que fût leur génie, étaient des hommes comme nous ; ils partageaient nos imperfections et nos misères, et ce n'est plus qu'un intérêt rétrospectif de curiosité historique ou psychologique qui nous pousse à les étudier ainsi dans leur peinture ou leur musique. Il n'en est pas ainsi de Dieu ; il est notre créateur et réclame invinciblement la respectueuse attention de ses créatures ; nous ne pouvons détourner notre pensée de celui dont nous dépendons absolument dans le passé, comme dans le présent et dans l'avenir. L'acte par lequel Dieu a créé la matière du corps humain et a doté le premier homme d'une âme raisonnable, cet acte a fait du genre humain l'obligé de Dieu ; il a établi un lien que nous ne sommes pas maîtres de rompre. Il nous importe donc d'étudier Dieu dans ses œuvres et d'apprendre à connaître celui de qui nous sommes et à qui nous allons. Une seule chose doit nous préoccuper maintenant : Qu'est-ce que les créatures nous enseignent sur la beauté du Dieu qui les a faites ?

Rien de ce qui existe n'est dépourvu de beauté, et le fait même de l'existence est une perfection par comparaison avec le néant. Quelque humble que soit l'objet, quelque inférieur que soit son mode d'être, il n'en reste pas moins qu'il est, et ceci est le premier degré, le fondement même de toute beauté. Un chien vivant vaut mieux, dit-on, qu'un lion mort; il n'est pas moins vrai d'affirmer que la plus simple des existences vaut mieux que le néant. Or, tout ce qui existe a reçu l'être de Dieu, et, comme la cause est nécessairement supérieure à l'effet, l'existence de Dieu est plus parfaite que celle de toutes les créatures. Il y a plus encore; le fait de créer, c'est-à-dire de donner l'être à des essences, suppose en Dieu la perfection absolue de l'existence, l'absolue opposition avec le néant. Dieu n'existe pas, comme les créatures, par la vertu d'un autre, il a en lui la raison suffisante de son existence; c'est pourquoi il a la puissance de créer. Sa plénitude d'existence est telle que, sans s'épuiser jamais, elle peut communiquer l'être aux essences. Faut-il moins qu'un Être infini pour créer l'univers tel que la science nous l'a fait connaître? A la rigueur, un démiurge, un puissant organisateur de matériaux préexistants, eût peut-être suffi à édifier le monde comme se le figuraient les anciens;

mais depuis que la science a soulevé le voile qui couvrait l'œuvre de Dieu, nos yeux ont été éblouis par cette vision, et plusieurs ont cru voir l'infini même leur apparaître. C'est une erreur, sans doute ; mais le fait qu'elle ait séduit un grand esprit comme Arago prouve l'immensité de la création et par là même l'infinité du Créateur. Tout ce que nous admirons dans les créatures d'inexprimables beautés doit nécessairement se trouver en Dieu comme en sa source. Il y a des vivants ; donc Dieu est vivant d'une vie supérieure. Il y a des êtres intelligents et libres ; donc Dieu possède la plénitude de l'intelligence et de la liberté. Dieu dépasse le monde, comme la cause dépasse l'effet. Mais quand l'effet est si prodigieux que la raison humaine se sent ébranlée, qu'en doit-il être de la cause ?

Avant d'exécuter une œuvre d'art, le peintre et le sculpteur cherchent des modèles dans la nature ; à moins qu'ils ne copient simplement un paysage ou qu'ils ne fassent un portrait, ils doivent combiner dans leur imagination, fondre en un tout bien lié et bien ordonné les mille détails que leur fournit la réalité, modifier l'un ou l'autre, corriger ici quelque défaut, ajouter ailleurs quelques traits. Ainsi se forme l'image sur laquelle l'artiste tient fixés les yeux de l'âme, qui guide son ciseau ou son pinceau. Tout est d'emprunt dans ce travail intérieur; c'est la mise en œuvre d'éléments tirés des objets que nous avons sous les yeux; et si on lui donne le nom de « création », ce ne peut être qu'en ce sens large qui signifie la production non pas totale, mais partielle d'un objet nouveau, l'unité et l'illusion de la vie communiquées à une œuvre d'art.

Quand Dieu crée, il ne combine pas, comme l'artiste, des éléments que la nature et l'imagination lui fournissent ; ceci, c'est la création humaine, et la création divine est transcendante. Avant que Dieu n'eût créé, lui seul existait; d'où pouvait-il donc tirer, sinon de lui-même, ces images intellectuelles des êtres futurs? Ce n'est pas une exagération de dire que le monde a été créé à l'image de Dieu.

L'essence divine est le type idéal que l'intelligence divine avait sous les yeux en créant, et tous ces êtres sortis du néant ne sont, malgré leur nombre, qu'une partie bien minime, bien insignifiante de tout ce que la raison de Dieu pourrait former à l'imitation de son essence infinie. C'est une théorie bien profonde, celle des philosophes qui enseignent que Dieu crée, avant tout, par sa science. La science de Dieu, c'est d'abord la vision qu'il a de lui-même, et précisément parce qu'il se voit tout entier, il connaît les ressources infinies dont sa volonté dispose à son gré. Il y a là, si l'on ose ainsi parler, une mine inépuisable de modèles nouveaux, car nul ne prétendra sans doute que la création présente est à la fois le premier mot et le suprême effort de la volonté divine. L'Artiste qui a fait le monde tient en réserve une multitude de concepts surprenants, inattendus, qui dérouteraient les prévisions de notre esprit.

Béhémoth et Léviathan, c'est-à-dire l'hippopotame et le crocodile, paraissaient à Job les plus robustes et les plus redoutables des animaux, ceux en qui éclatait davantage la puissance créatrice de Dieu. Mais la paléontologie nous a révélé que des myriades de monstrueux animaux, reptiles, oiseaux, mammifères, avaient vécu durant de longues périodes sur notre terre : des reptiles grands comme des baleines, cornus comme des ruminants, cuirassés comme des tatous, dressés sur leurs pattes de derrière et appuyés sur une queue massive comme des kanguroos ; des oiseaux armés de dents aiguës, ayant de longues jambes d'échassier avec un bec énorme de rapace, des géants dont l'œuf égalait la capacité de cent cinquante œufs de poule ; des pachydermes armés de quatre défenses ou dont le front se hérissait de bosses cornues, des carnassiers qui tenaient du lion et du tigre, dont la mâchoire portait des canines de vingt centimètres de longueur. Ces créatures si diverses, si nombreuses, si singulières ou si terribles, sont toutes produites à l'imitation de l'essence divine, puisque Dieu ne cherche pas hors de lui des modèles à copier, et en même temps toute cette faune prodigieuse n'est, selon l'expression de Pascal, qu'un « raccourci d'atome » dans la création générale. S'il était permis de parler de caprice à propos d'une volonté divine réalisée, on dirait presque que ces monstres fantastiques sont des caprices ; du moins, ce sont des jeux de la toute-puissance, sur chacun desquels Dieu laisse tomber un reflet de sa beauté. La création générale nous échappe peut-être dans sa structure d'ensemble, malgré ce que Képler, Herschell et Secchi ont vu ou deviné au ciel ; en tout cas, nous ignorons un nombre indéfini des détails qui la composent ; mais nous en savons assez pour constater qu'il y a là tout autre chose que cette création correcte et relativement très bornée, qu'on s'imaginait volontiers autrefois. Ce n'est pas la beauté classique qui combine et proportionne harmonieusement les parties à la taille de l'homme et à la capacité de sa raison ; c'est la beauté débordante et vivante qui convient à l'esprit de Dieu. C'est un abîme d'êtres, sur lequel la raison en se penchant est saisie de vertige et qui lui apparaît quelquefois comme l'abîme de l'Être. Pour construire l'univers, Dieu dispose de millions d'années, et il en place les diverses parties à des milliards de lieues les unes des autres ; s'il était possible de calculer la distance qui sépare l'étoile polaire des Nuées de Magellan, on serait effrayé du chiffre. Dieu se montre donc à nous comme le maître de l'espace et du temps, supérieur à l'un et à l'autre, en dehors et au-dessus de l'un et de l'autre. A ce point de vue, la beauté divine est non seulement une beauté transcendante, c'est une beauté immuable, c'est la Beauté définitive.

Rien toutefois ne nous donne une si haute idée de Dieu que sa créature par excellence, l'homme. De tous les êtres que nous connaissons, il est, en effet, le seul qui soit doué de moralité ; seul, il apprécie la valeur de ses actes, seul il distingue le bien du mal, seul il discerne les limites qui séparent l'obligation légale du sacrifice volontaire. Cette moralité est le fruit de la raison spéculative, qui connaît les principes généraux, et de la raison pratique qui en déduit les conséquences, les applique aux faits, détermine le but, choisit les moyens et prévoit les résultats. Mais qui ne voit à quel point la moralité serait illusoire, si l'homme ne pouvait passer de la connaissance et du jugement à l'acte sans subir l'impulsion de la nécessité, sans que la route lui soit tracée d'avance par des forces secrètes qui le dominent? Il a donc la liberté du choix, et la morale n'existe qu'à ce prix ; un acte nécessaire pourrait encore exiger une répression, comme le coup de dent d'un chien enragé, mais il ne mériterait ni blâme ni éloge, ni châtiment ni récompense. Malheureusement, à la raison infirme de l'homme le bien moral n'apparaît pas avec une telle clarté, une telle intensité d'excellence et de beauté, qu'elle ne puisse se tromper ou même céder en connaissant son erreur. La multitude et l'énergie des sensations, les prestiges de l'imagination, l'emportent trop souvent dans la pratique sur la théorie du bien, que l'homme estime sans doute, mais qui ne s'impose pas à lui par la sensibilité. Souvent, néanmoins, les passions sont tenues en échec par une volonté énergique, une intelligence convaincue de l'obligation morale et persuadée de sa beauté ; alors, s'il met de la persévérance dans l'effort, l'homme parvient à redresser ce qu'il y avait de primitivement défectueux dans ses instincts. Ce triomphe de la raison et de la liberté sur les forces animales qui se remuent dans les bas-fonds de notre être imprime à l'âme une beauté d'autant plus parfaite qu'il est plus complet et plus constant ; on l'a dit justement, c'est « une harmonie qui se déroule en accords intérieurs » (A. Fouillée).

Cette perfectibilité morale de l'homme, le degré de vertu héroïque auquel il peut même s'élever, nous font entrevoir la parfaite sainteté de Dieu ; seulement la créature acquiert pied à pied, au prix de la lutte et de l'effort, une ombre de ce que Dieu possède par essence. La liberté de l'homme est de qualité inférieure, puisque la rectitude de son jugement est continuellement troublée par les images sensibles et les passions, et que sa volonté est chancelante ; c'est pourquoi il peut choisir entre le bien et le mal, c'est-à-dire préférer pratiquement la laideur et la souillure du vice à la beauté gênante de la loi morale. Dieu, au contraire, est parfaitement libre, parce que le mal n'a pas de prise sur lui ; jamais sa volonté n'hésite entre le bien et le mal déguisé sous la fausse apparence du bien ; elle ne choisit qu'entre les divers aspects du bien, et l'impassible sagesse de Dieu l'assiste dans ce choix. Il n'y a pas plus de tache ni de défaut dans l'être moral de Dieu que dans son être métaphysique, parce que l'essence divine et la sainteté ne font qu'un.

Dans l'étude de l'univers et d'elle-même, l'intelligence humaine montre une puissance d'investigation tenace, infatigable. Quand on considère la masse des connaissances variées qu'elle s'est acquises par la réflexion, le travail, l'expérience, quand on embrasse d'un coup d'œil les sciences qu'elle a créées, développées et mises en ordre, on est saisi d'admiration devant ces conquêtes de la raison. Le champ qu'elle a défriché est immense, et néanmoins elle ne s'accorde pas de trêve qu'elle n'ait réalisé l'idéal toujours fuyant de la science universelle. Aristote et Platon ont fondé la philosophie ; mais la raison ne s'en tient pas là, et jusqu'à nos jours elle ne cesse de travailler à la recherche de la vérité, de critiquer les anciens systèmes et d'en proposer de nouveaux. A l'arithmétique et à l'algèbre, qui lui fournissaient des instruments commodes et sûrs pour l'exploration des vérités mathématiques, elle a joint plus tard le calcul intégral et le calcul différentiel, à la géométrie d'Euclide celle de Lobatchevsky et celle de Riemann, à la mécanique et à l'hydraulique d'Archimède les théorèmes de Galilée et ceux de Pascal ; elle a renouvelé l'astronomie d'Aristarque de Samos et d'Hipparque ; quant aux sciences naturelles, ce sont des créations récentes qui se développent avec une rapidité sans exemple. En somme, ce développement de la science est, après les actions héroïques et la fidélité à l'impératif de la loi morale, le côté le plus lumineux de l'histoire du genre humain.

Mais cette médaille a un revers, car l'erreur se mêle partout à la vérité dans l'œuvre de l'homme, et l'occupation principale de la science, c'est moins peut-être d'élargir ses connaissances que de se corriger sans cesse et d'écrire sans relâche des rétractations. On a peine à réprimer un sourire en constatant que ce que Flourens blâmait, il y a cinquante ans, dans l'*Histoire naturelle* de Buffon, ce qu'il y relevait de défectueux et de suranné, c'est justement ce qui charme les savants évolutionnistes de notre époque ; dans l'intervalle, la science a fait volte face et passé du système de Cuvier à l'hypothèse de Darwin. La théorie des vibrations transversales de Fresnel avait mis en pleine déroute la théorie newtonienne de l'émission ; mais voici que des physiciens commencent à se regarder d'un air de doute et à se demander s'il ne faudra pas recourir à une autre hypothèse fondamentale pour l'optique.

Qu'est-il donc arrivé? C'est que les expériences et les calculs de l'électricité, qui prenait aussi pour base hypothétique les vibrations de l'éther, *semblent* contredire ce que les phénomènes optiques *semblaient* nous apprendre sur la nature de ce fluide impondérable. Que d'incertitudes ! et ce n'est que le premier mot du sujet.

Puis, cette science, en dépit de l'accumulation toujours croissante des matériaux et du perfectionnement des détails, reste lamentablement superficielle ; jamais elle ne pénètre jusqu'au fond des choses, jamais elle ne prend contact avec leur réalité substantielle. L'homme s'arrête sur le seuil du mystérieux laboratoire de la nature ; Dieu seul y est établi en maître, et de là le tout-puissant Ouvrier crée et gouverne le monde. L'homme ne connaît les essences qu'à travers les phénomènes ; Dieu les connaît en elles-mêmes ; mieux encore, il les connaît en lui, parce que c'est lui qui les a faites, et les phénomènes ne sont à ses yeux que l'évolution naturelle des forces qu'il a déposées dans la matière. La profondeur, l'universalité, la rigoureuse exactitude, tels sont les caractères propres de la science que Dieu a des choses. Dieu est le géomètre éternel, disait Platon ; c'est aussi le philosophe par excellence.

Ce qui touche le plus dans l'homme, c'est la bonté du cœur, et la beauté même de la science s'éclipse devant elle. Cette bonté s'exerce et se manifeste surtout dans le cercle des affections de la famille ; le méchant même, s'il garde encore quelque chose d'humain, garde par là même un reste de tendresse pour ses enfants. Cette bonté, dont la dépravation et le crime ne réussissent pas à le priver entièrement, est un pâle, un dernier reflet de la bonté divine. Dieu est pour ses créatures le Père céleste ; il embrasse dans un même amour tous les êtres qu'il a tirés du néant, par dessus tout, les hommes qu'il a spécialement faits à son image. Il veille sur leur naissance, les protège et les nourrit pendant leur vie ; loin de se borner au strict nécessaire, sa bonté les environne d'une foule d'objets utiles ou même superflus. Non content de donner aux hommes le pain et le vin, Dieu met à leur disposition la chair des animaux et le suc des fruits. Il embellit la terre de tous les charmes combinés des trois règnes, pour la rendre digne de recevoir sa créature préférée. Quand on veut, par un terme approprié, caractériser la nature incompréhensible de Dieu, on dit volontiers qu'il est la Vie ou qu'il est l'Être ; c'est vrai, mais il n'est pas moins exact d'affirmer qu'il est Amour, car on juge d'un être à ses actes, et tous les actes de Dieu sont pénétrés par l'amour. La paternité divine, telle est la plus belle et la plus large des vérités que la nature humaine nous apprend sur son Créateur.

Ainsi se dévoile le secret symbolique du monde. La nature est un livre immense dans lequel la beauté de son Auteur est affirmée à toutes les pages. Mais les premières sont couvertes de caractères grossiers et presque illisibles ; il faut des yeux exercés pour déchiffrer cette paléographie. Peu à peu, les caractères se redressent, leurs contours se précisent et s'accusent toujours plus nettement, et la dernière page, où l'homme lit sa propre histoire, lui révèle avec une lumineuse clarté la splendeur de l'Esprit qui l'a écrite.

FIN

APPENDICE

NOTE A

J'ai omis de citer, parmi les ouvrages français relatifs à l'esthétique de la nature, un intéressant ouvrage de M. Gaborit : *Le Beau dans la nature et dans les arts* ; je répare ici cette omission.

Voici une anecdote de Henri Heine sur Hegel, qui confirmera ce que j'ai avancé sur son abstention systématique à l'égard des beautés de la nature : « La conversation de Hegel n'était jamais autre chose qu'une espèce de monologue ; il semblait toujours se parler à lui-même, et je fus souvent frappé du ton sépulcral de sa voix sans timbre, ainsi que de la vulgarité baroque de ses images, dont beaucoup me sont restées daguerréotypées dans la mémoire. Un soir, dans sa maison, prenant le café après le dîner, je me trouvais à côté de lui dans l'embrasure d'une fenêtre, et moi, jeune homme de vingt ans, je regardais avec extase le ciel étoilé, et j'appelais les astres le séjour des bienheureux. Le maître alors grommela en lui-même : « Les étoiles, hum ! hum ! les étoiles ne sont qu'une lèpre luisante sur la face du ciel » (*Les aveux d'un poète de la Jeune-Allemagne*).

NOTE B

LA LUMIÈRE ET LE PAYSAGE

« Examinons les divers aspects que prend un paysage sous l'influence des petites molécules en suspension dans l'atmosphère. Ces molécules réfléchissent nécessairement de la lumière dans la direction de l'observateur, et cette lumière, s'ajoutant à celle qui vient régulièrement des objets contenus dans le paysage, produit ainsi des modifications importantes dans leur apparence. La couche d'air très épaisse, qui sépare l'observateur des montagnes les plus éloignées, enverra à l'œil une quantité considérable de lumière d'un bleu blanchâtre qui ne différera guère de la teinte du ciel. Cette lumière noiera complètement la lumière un peu faible réfléchie par les parties de la montagne qui se trouvent dans l'ombre, de sorte qu'en définitive toutes les ombres de la montagne seront représentées par les teintes bleu de ciel plus ou moins pures, lesquelles seront bien plus lumineuses et plus brillantes que ne l'étaient les ombres primitives. Ces masses bleuâtres de formes étranges ne laissent voir aucun des détails de la montagne. D'un autre côté, les parties des montagnes qui reçoivent en plein les rayons du soleil continueront à envoyer de la lumière à l'œil de l'observateur à travers la brume, et leur teinte dominante sera jaune ou orangée ou quelque chose d'approchant. Peu de détails seront visibles, et les couleurs réelles ou locales de la montagne ne paraîtront pas ou pourront tout au plus se fondre avec les teintes douces et chaudes dues au milieu ambiant. En un mot, le contraste entre la lumière et l'ombre se trouvera énormément diminué, de sorte que la luminosité générale de la montagne ne sera guère moindre que celle du ciel lui-même, et que sa couleur sera représentée surtout par des teintes de même origine et de même nature que celles du ciel. Si nous nous rapprochons de la montagne, ces effets commencent à diminuer peu à peu: nous voyons apparaître sur les parties éclairées des verts délicats, des gris variés pleins de douceur, et en même temps les ombres perdent leur bleu céleste, s'assombrissent et deviennent d'un gris bleuâtre. Plus tard enfin, toutes les parties qui reçoivent les rayons du soleil déploient leurs teintes locales, un peu adoucies toutefois, et la lumière colorée qui vient des ombres commence à se faire sentir, se mêle à la lumière bleue réfléchie et produit des gris pourpres délicats, des gris verdâtres et mille autres teintes indéfinissables. Les pins éclairés par le soleil seront vert olive ou jaune verdâtre adouci, tandis que ceux qui se trouvent dans l'ombre seront d'un gris pur ou d'un gris bleuâtre sans aucune trace de vert. Ces effets sont moins reconnaissables sur les objets plus voisins, et les rapports naturels entre la lumière et l'ombre se maintiennent de plus en plus, de sorte que leur contraste s'accroît progressivement à mesure que nous reportons nos yeux des objets éloignés vers ceux qui sont plus voisins. Tous ces effets sont nettement visibles toutes les fois que l'atmosphère a une sérénité ordinaire ; il va sans dire qu'ils se modifient avec l'état de l'atmosphère : dès que celle-ci devient brumeuse, la lumière bleue réfléchie passe au gris ; la lumière transmise est moins altérée » (Rood, *Théorie scientifique des couleurs*, p. 45 et 46).

NOTE C

L'ENFANT ET LA MER

« Le premier coup d'œil qu'un enfant jette sur l'Océan fait époque dans sa vie. C'est un nouveau monde extérieur qui en éveille un nouveau en lui ; rien désormais dans le cours de son existence ne fera sur lui une impression pareille. Mille questions se pressent dans son esprit ; mais il reste dans le silence comme s'il ne voulait pas de réponse, ou plutôt parce qu'il sent bien qu'on n'en pourrait pas faire, et que la seule vue le satisfait plus que tout ce qu'on lui dirait. Seule, l'idée de Dieu répond, dans son esprit, à cette immense et brillante étendue des eaux, et c'est pourquoi il n'est plus le même enfant parce qu'il a vu la mer » (William Faber, *Le Créateur ... ...ture*, p. 115).

NOTE D

MONTAGNE ET MONTAGNARD

« Le montagnard ne voit pas sa montagne comme nous. Il lui est fort attaché et il y revient toujours, mais l'appelle « le mauvais pays ». Les eaux blanchâtres et vireuses de rapidité farouche qui s'échappent en bondissant, il les nomme « les eaux sauvages ». La noire forêt de sapins, suspendue aux précipices, qui semble l'éternelle paix, elle est sa guerre, sa bataille. Aux plus rudes mois de l'année, quand tout autre travail cesse, il attaque la forêt. Guerre dure, pleine de dangers. Ce n'est pas tout de couper ces arbres et de les précipiter, il faut diriger leur chute; il faut les reprendre en route, régler les terribles bonds qu'ils font au lit des torrents. Le vaincu est souvent fatal au vainqueur, l'arbre au bûcheron. La forêt a ses histoires lugubres d'orphelins, de veuves. Pour la femme et la famille, une terreur pleine de deuil repose sur ces hauteurs dont les bois mêlés de neige se marquent au loin funèbrement par des taches de blanc et de noir.

« Les glaciers étaient jadis un objet d'aversion; on les regardait de travers. Ceux du Mont Blanc s'appelaient en Savoie « les monts maudits ». La Suisse allemande, en ses vieilles légendes de paysans, met les damnés aux glaciers. C'est une espèce d'enfer. Malheur à la femme avare, au cœur dur pour son vieux père, qui, l'hiver, l'éloigne du feu! En punition, elle doit, avec un vilain chien noir, errer sans repos dans les glaces. Aux plus cruelles nuits d'hiver où chacun se serre au poêle, on voit là-haut la femme blanche qui grelotte, qui trébuche aux pointes aiguës des cristaux » (Michelet, *La Montagne*, p. 19-21, édit. Charpentier).

Cette page est belle et exacte, mais très incomplète. Pour se faire une idée de la vie des montagnards, savoir au prix de quels travaux, de quelles rigueurs, de quelle sélection vitale ils paient leur force et leur souplesse, il faut les visiter dans leur aire. Tel village des Alpes du Tyrol disparaît pendant trois mois sous des masses de neige, et les maisonnettes presque ensevelies ressemblent à des huttes de Samoyèdes ou d'Esquimaux. Toute communication cesse avec la vallée; la famille séquestrée du monde se nourrit de galettes de pain dur, d'épis de maïs, de lard salé et de pommes de terre; il n'est pas même possible d'aller tous les dimanches à l'église, tant les pentes glacées sont raides et dangereuses. S'il faut pourtant sortir à tout prix pour chercher le prêtre ou le médecin ou bien renouveler ses provisions de vivres, un jeune garçon se campe sur un grossier traîneau, et, armé d'un bâton qui agit comme un gouvernail, il se laisse glisser sur le flanc de la montagne; pour les étrangers, c'est un spectacle effrayant de voir le traîneau voler, passer comme un tourbillon; on est tenté de crier d'angoisse, il semble que l'on assiste à une chute dans un précipice. Pour remonter, le jeune homme se garnit les pieds de crampons de fer et s'aide d'un bâton ferré à pointe aiguë; mais que de temps et que de peines pour refaire la route qu'il a parcourue avec la rapidité de l'éclair! Quelquefois la situation du chalet est telle, les prétendus chemins sont de tels casse-cous que, si un membre de la famille vient à mourir au moment des grandes chutes de neige, il est impossible de l'enterrer aussitôt; on roule alors le cadavre dans un linceul et on le dépose au grenier, où le froid le conserve, jusqu'à ce que le sentier qui mène au village soit devenu accessible.

Comment s'étonner si les montagnards, tout en aimant les cimes où ils habitent, les trouvent pourtant dures à l'homme? Pour se consoler, ils ont à d'autres moments la chasse au chamois. Les chamois sont encore nombreux dans les Alpes tyroliennes, et il ne manque pas dans les villes d'amateurs qui goûtent cette venaison; alors le chasseur prend son fusil, s'enfonce dans la forêt, et quand il a débusqué un chamois, il s'élance à la poursuite du léger animal à travers les bois, les rochers et jusque sur les glaciers. Il va sans dire qu'une chasse de cette nature est souvent dangereuse pour le chasseur ; mais quel jarret on acquiert en sautant les crevasses, quelle sûreté de pied en courant sur la neige glacée ! C'est ainsi que se trempent ces races montagnardes, et tous ces périls, toutes ces rigueurs du climat n'empêchent en aucune façon la gaieté naturelle aux Tyroliens de se donner libre carrière. Rien de plus doux que les chants naïfs que répète l'écho des Alpes et les trilles joyeux que les pâtres modulent pour s'appeler les uns les autres ».

NOTE E.

UNE FORÊT AU NORD DE L'AMÉRIQUE

J'ai cité de préférence dans le texte des descriptions de forêts vierges tropicales, parce que l'impression de vie puissante qui s'en dégage est plus chaude, plus saisissante ; néanmoins, à titre de comparaison, je donne ici la peinture d'une forêt de la Colombie anglaise.

« Il faut avoir vu une forêt vierge où des arbres gigantesques ont grandi et sont tombés sans avoir été frappés de la hache durant des siècles, pour se

faire une idée de ces amas de futaies impénétrables.
Les sapins et les thuyas atteignent toutes les dimensions : les patriarches de trois cents pieds de haut
élèvent leurs cimes dans une solitude aérienne majestueuse ; les jeunes se réunissent à leurs pieds en
groupes épais, luttant pour prendre la place de
quelque géant abattu. Les arbres morts gisent empilés çà et là, forment des barrières qui souvent sont
hautes de six à huit pieds dans tous les sens. Des
troncs de cèdres énormes, tombant en pourriture et
changés en tas de mousses, sont à demi enterrés
dans le sol, sur lequel d'autres arbres aussi puissants se sont récemment couchés ; des arbres encore
verts et vivants, qu'ont renversés de récentes tempêtes, bloquent la vue par la muraille de terre que
retiennent leurs racines entrelacées ; troncs vivants,
troncs morts, troncs pourris, troncs desséchés et
sans écorce, troncs humides et verts de mousse,
troncs ébranchés et troncs branchus ; renversés,
couchés, horizontaux, penchés sous tous les angles ;
futaies de toute croissance, à tous les âges de la vie
et de la décomposition, dans toutes les situations
possibles, emmêlées suivant toutes les combinaisons imaginables. Si le terrain est marécageux, il
est plein de cornouillers. Ailleurs, ce sont des fourrés d'aralies, des lianes traçantes et grimpantes,
entortillées, aux feuilles larges comme celles de la
rhubarbe, montant trop souvent aussi haut que les
épaules. La tige et les feuilles sont couvertes de

fortes épines qui percent les vêtements, quand on essaie de se frayer un chemin à travers leurs masses entremêlées, et rendent écarlates les jambes et les mains des pionniers par l'inflammation que produisent les myriades de leurs piqûres (Milton et Cheadle, *De l'Atlantique au Pacifique*, Tour du Monde, t. xiv, p. 244). »

NOTE F.

L'ART DANS LA LOCOMOTION ANIMALE

« L'art est partout, dans l'activité animale : il est dans le vol de cette hirondelle qui passe dans l'air ; il est dans les mouvements de ce scarabée qui traverse l'allée de votre jardin, de cette couleuvre qui rampe le long de votre haie, de ce poisson minuscule qui nage dans le ruisseau : il a commencé avec la vie même. Encore n'avons-nous étudié les mouvements de locomotion que dans leur pratique routinière. Que sera-ce, quand nous suivrons en réalité les évolutions d'un animal, quand nous le verrons à chaque instant modifier son allure spécifique pour se plier à des circonstances inattendues, et résoudre avec une présence d'esprit, une netteté de conception stupéfiante, des problèmes de mécanique pratique qui nous embarrasseraient nous-mêmes ! — Il est souvent question, dans les contes d'enfants, d'hommes changés en bêtes; tous les enfants se sont une fois au moins posé cette question : « Que ferais-je si j'étais chat, si j'étais oiseau, si j'étais papillon ? » et il leur semble qu'ils feraient merveille. Ils ne feraient rien de plus que ce que fait l'animal. Ils n'auraient rien de mieux à faire. Et je serais porté à croire que, chez chaque animal, l'intelligence pratique est portée à son maximum. On a pu soutenir, sans invraisemblance, que dans tout mouvement instinctif il y avait une sagesse infinie (Bossuet). A coup sûr on y voit un art consommé, quelque chose même qui ressemble singulièrement au génie inventif. Peut-être les ondulations régulières du reptile, les oscillations de la queue du poisson, les allures normales de l'oiseau et du quadrupède sont-elles déterminées, une fois pour toutes, par un instinct purement mécanique. Maintenant, regardez une couleuvre qui gravit une roche, une carpe qui évolue dans un bassin, des corbeaux qui planent autour d'un clocher, un jeune chat qui joue. Cela, est-ce encore de l'automatisme ?

« Que l'animal n'ait pas conscience de cette beauté dont il donne le spectacle, cela est possible... A coup sûr, il travaille à combiner harmonieusement ses mouvements en vue d'une fin préconçue ; il les ordonne avec cet instinct du rythme, avec cette délicatesse du tact externe et du sens musculaire, sans laquelle les plus simples mouvements de locomotion seraient impossibles. Il arrive ainsi à produire, sans le vouloir, de véritables chefs-d'œuvre ; à se conformer, sans le savoir, aux lois de cette logique supérieure qui est au fond de toute beauté. Si ce n'est pas de l'art, où devrons-nous en chercher? Et n'est-ce pas ainsi que sont obtenues les œuvres les plus géniales de l'art humain? Nous admirons une ligne tracée sur une feuille de papier par la main d'un artiste. Mais il peut y avoir non seulement autant de grâce, mais de beauté véritable dans la courbe décrite dans le ciel par l'oiseau qui vole » (Souriau, *Esthétique du mouvement*, p. 160 et 161).

NOTE G.

LA BEAUTÉ DES ACTES LIBRES

J'ai supposé que les actes libres étaient beaux par le fait même de la liberté, sans en donner d'ailleurs une démonstration rigoureuse, parce qu'il est inutile et même fastidieux de recommencer des démonstrations déjà faites et bien faites. A ceux qui voudront se rendre un compte exact de cette vérité, je recommande le chapitre V du livre III dans le savant ouvrage de M. Fonsegrive: *Essai sur le libre arbitre*, et je me contente d'en citer ici une belle page.

« Le don libre de soi-même excite la gratitude, nous devons le reconnaître et lui rendre grâces, ce don est un don gracieux et la grâce extérieure n'est que le rayonnement de cette grâce intérieure. Or, comment pourra s'exprimer la liberté de la charité sinon par des mouvements libres eux-mêmes qui, par suite, ne tendront pas à la fin avec une rigidité inflexible, mais avec de souples et sinueuses ondulations. Voilà le symbolisme secret qu'exprime la ligne courbe. Elle va vers le but, mais avec aisance et liberté. Cette libre aisance mérite bien le nom de grâce. Les choses qui pouvaient n'être qu'utiles et sont belles par surcroît, sont gracieuses par cela même. Nous devons de la reconnaissance à l'agrément qu'elles nous donnent et qu'elles ne nous devaient pas. C'est ainsi que la beauté se rattache à la vertu. Ainsi est gracieux l'homme qui, faisant son devoir, l'accompagne d'un sourire ; ainsi est gracieuse la femme qui sait mettre un charme aux plus vulgaires occupations ; ainsi sont gracieux l'oiseau qui chante et la fleur qui brille ; ainsi est gracieuse la courbe insensible qui rend comme vivantes les colonnes de Pœstum et de Sélinonte ; ainsi sont gracieuses les lignes enroulées et déroulées où se complaisait la fantaisie ornementale des Grecs. La grâce n'est pas un élément de la beauté, elle est la beauté même, ce qu'elle a de plus intime et de plus charmant. Et puisque la grâce ne peut recevoir son sens plein et entier que des considérations morales et qu'elle implique la liberté, nous sommes fondés à dire que la beauté est le reflet ou le symbole de cette liberté, non sans doute de toute liberté, mais de cette liberté qui reconnaît la raison, accepte librement ses lois et les accomplit aisément. Les choses sont belles à proportion qu'elles manifestent davantage l'harmonie de la liberté et de la raison (p. 547 et s.). »

NOTE H.

DU SENTIMENT DE LA NATURE SUIVANT LA DIFFÉRENCE DES RACES ET DES TEMPS.

Alexandre de Humboldt a traité magistralement ce sujet, que je ne pouvais qu'effleurer ici, dans le t. II de son *Cosmos* (Ire partie, ch. I, *Littérature descriptive*). Le lecteur y trouvera tous les renseignements nécessaires. Ce puissant peintre de la nature avait, par ses voyages ou ses lectures, pris contact avec toutes les races de l'univers, avec celles de l'Asie centrale et de l'Inde comme avec celles de l'Europe et de l'Amérique ; il a consigné dans ce chapitre les résultats de ses travaux d'érudition et de son expérience personnelle. On y verra, entre autres choses, que le sentiment vrai de la nature s'était ranimé dans le monde antique, même avant l'invasion des Barbares, sous l'influence du christianisme, et que les Pères Grecs, notamment saint Jean Chrysostome, saint Basile, saint Grégoire de Nazianze, ont su goûter et peindre la nature dans ses œuvres.

TABLE DES MATIÈRES

	Pages
Introduction	1

CHAPITRE PREMIER
La lumière et la couleur 41

CHAPITRE II
L'air et l'eau 63

CHAPITRE III
Le terrain 87

CHAPITRE IV
Le cristal 111

CHAPITRE V
La vie 120

CHAPITRE VI
La flore. 130

TABLE DES MATIÈRES

CHAPITRE VII
La faune 153

CHAPITRE VIII
Les saisons 201

CHAPITRE IX
L'homme 213

CHAPITRE X
Les races humaines. 250

CHAPITRE XI
L'homme et la nature 278

CHAPITRE XII
L'Auteur de la nature 293

APPENDICE

Note A 313
Note B. — La lumière et le paysage . . . 314
Note C. — L'enfant et la mer. 316
Note D. — Montagne et montagnard. . . . 317
Note E. — Une forêt au nord de l'Amérique. 320
Note F. — L'art dans la locomotion animale. 322
Note G. — La beauté des actes libres . . . 324
Note H. — Du sentiment de la nature suivant la différence des races et des temps . . . 326

PARIS (vıe)
LIBRAIRIE DE P. LETHIELLEUX, ÉDITEUR
10, RUE CASSETTE, 10

L'ESTHÉTIQUE
DU
DOGME CHRÉTIEN

Par le R. P. J. SOUBEN
Professeur au Prieuré de Farnborough

In-12º 3.50

Cet ouvrage mérite bien le titre que lui a donné son auteur ; il réussit à mettre en lumière la beauté interne de la religion chrétienne et à faire admirer cette beauté. Pour cela il lui suffit d'exposer simplement les dogmes chrétiens, en faisant ressortir la beauté spéciale que chacun manifeste. Dieu, la Trinité, la création, le péché originel, l'Incarnation, la Vierge Mère, la justification, l'Église, l'Écriture et la tradition, les sacrements, la foi, l'espérance, la charité, la vie chrétienne, la tentation, le martyre, les fins dernières, telles sont les vérités chrétiennes que l'auteur analyse dans le but d'en faire ressortir la beauté.

Dans un court épilogue est tracé un tableau d'ensemble du christianisme au point de vue dogmatique, moral et social, montrant comment la religion chrétienne, en poursuivant le bien, a naturellement engendré le beau.

(Voir la suite à la page suivante)

P. LETHIELLEUX, Éditeur, 10, rue Cassette, Paris

L'ESTHÉTIQUE DU DOGME CHRÉTIEN (suite)

L'auteur a su être clair et parler des sujets les plus élevés en termes simples et en évitant les expressions techniques et les formules de l'École. Il n'a pas voulu écrire pour les théologiens, mais pour l'ensemble du public chrétien.

Le genre qu'il a adopté garde un juste milieu entre deux extrêmes. Châteaubriand, dans son *Génie du christianisme*, a écrit des pages magnifiques ; mais il parle en poète et ne touche souvent qu'à la superficie des choses. Le P. Lingens a écrit il y a quelques années *Die innere Schönheit des Christenthums* : c'est une exposition très forte, très approfondie, dont les parties sont solidement liées, et qui fait honneur à la science théologique de l'auteur.

C'est entre ces deux genres que se place celui du P. Souben : plus solide et plus profond que Châteaubriand, il est plus facile et plus littéraire que Lingens. Cet ouvrage fera du bien à tous ceux qui le liront.

J. B. P.

UN PEU DE THÉOLOGIE A PROPOS DE RAPHAEL

Par le Dr F. SCHNEIDER

Traduit de l'allemand par Th. RICHARD

I. La dispute du Saint-Sacrement. — II. La Transfiguration.

Belle brochure in-8° (ornée de 2 gravures) 1.25

P. LETHIELLEUX, Éditeur, 10, rue Cassette, Paris

LA PHILOSOPHIE CHRÉTIENNE DE LA VIE

PENSÉES sur les VÉRITÉS RELIGIEUSES

PAR LE

R. P. Tilmann PESCH

de la Compagnie de Jésus

Traduit de l'allemand par le P. BIRON, *Bénédictin*

Tome I. — 1. L'amour de la vérité. — 2. La délicatesse de conscience.

Tome II. — 1. Imitation du Christ dans ses principaux traits. — 2. L'imitation plus complète du Christ. — 3. La Croix. — 4. Conclusion glorieuse.

Deux volumes in-8° écu **8.00**

Il est difficile de définir d'un mot la *nature* de ce livre à cause de sa complexité. C'est tout à la fois un abrégé de théologie dogmatique et morale, un précis de philosophie, une esquisse de la vie et des vertus chrétiennes, un recueil de pensées, et un livre de méditations pieuses. On croirait lire tour à tour les thèses profondes et les arguments serrés d'un traité scolastique, une simple page de catéchisme, un chapitre de haute spiritualité, un passage de l'Imitation, des maximes de morale courante à la manière de La Rochefoucauld ou de l'abbé Roux. Toutefois la complexité ne nuit pas à l'unité ; tout se mêle sans se heurter. Croyant, pieux, savant et observateur, l'auteur fond harmonieusement les affirmations de la foi, les élévations de la piété, les démonstrations de la raison et les données de l'expérience pratique.

(Voir la suite à la page suivante)

P. LETHIELLEUX, Éditeur, 10, rue Cassette, Paris

LA PHILOSOPHIE CHRÉTIENNE DE LA VIE (suite)

La *Philosophie de la vie* est en réalité la *Somme* où le chrétien peut trouver les enseignements, les conseils et les réconforts dont il a besoin aux différentes heures de son existence. Feuilletée à la hâte, d'une main distraite, elle pourra sembler presque banale ; mais lue à loisir et par fragments, dans le calme de la méditation, elle découvrira les mérites de premier ordre qui ont fait son succès ; une grande sûreté de doctrine, un savoir très étendu et une merveilleuse connaissance du cœur humain, au service d'une âme d'apôtre qui ne veut instruire les hommes que pour les rendre meilleurs et semblables à Jésus-Christ.

Les qualités maîtresses du livre sont : la précision, la profondeur et le pittoresque. Chaque fois qu'il démontre une thèse, l'auteur vise surtout à la précision ; le style devient concis, sans image et ornement ; c'est l'expression pure et simple de la vérité. Sa grande originalité, croyons-nous, est dans les maximes que l'on rencontre à chaque page. Les conseils sont donnés sous la forme précise et imagée d'aphorismes ou sentences. Fines, justes ou profondes, elles portent la marque d'un penseur, mais l'expression leur donne un charme incomparable. Grâce à l'antithèse et à la comparaison, elles frappent l'esprit et se fixent dans la mémoire. Il y en a qui sont des merveilles d'observation, de finesse et de grâce ; elles rachètent la sécheresse de l'exposition trop technique de certaines pages.

Imp. Bellin à Moublidier.

P. LETHIELLEUX, Éditeur, 10, rue Cassette, PARIS

BIBLIOTHÈQUE PHILOSOPHIQUE

T. R. P. LEPIDI, O. P.

Opuscules philosophiques
(Première Série).
In-12 . . . . 3.50

J. GARDAIR

Corps et âme.
In-12 . . . . 3.50

La Nature humaine.
In-12 . . . . 3.50

La Connaissance.
In-12 . . . . 3.50

Les Passions et la Volonté.
In-12 . . . . 3.50

Les Vertus naturelles.
In-12 . . . . 3.50

EN PRÉPARATION :

Les Lois.
In-12 . . . . 3.50

Dieu.
2 vol. in-12 . . . . . . 7.00

L'Abbé C. PIAT

Historique de la Liberté au XIXᵉ siècle.
In-12 . . . . 3.50

Le Problème de la Liberté.
In-12 . . . . 3.50

St-Georges MIVART
Traduit de l'anglais par
E. SEGOND

L'Homme.
In-12 . . . . 3.50

Le Monde et la Science.
In-12 . . . . 3.50

P. DE PASCAL

Philosophie Morale.
In-12 . . . . 3.50

Philosophie sociale.
In-12 . . . . 3.50

L'Abbé A. CHOLLET

La morale stoïcienne en face de la Morale chrétienne.
In-12 . . . . 3.50

P. SOUBEN, O. S. B.

L'Esthétique du Dogme chrétien.
In-12 . . . . 3.50

Les Manifestations du Beau dans la nature.
In-12 . . . . 3.50

P. DE LA BARRE, S. J.

La Vie du Dogme catholique.
In-12 . . . . 3.50

P. TILMANN PESCH, S. J.
Traduit de l'allemand par
LEQUIEN

Kant et la Science moderne.
In-12 . . . . 3.50

Le Kantisme et ses erreurs.
In-12 . . . . 3.50

P. GRUBER, S. J.
Traduit de l'allemand par
Ph. MAZOYER

Auguste Comte, fondateur du Positivisme, sa vie, sa doctrine.
In-12 . . . . 3.50

Le Positivisme depuis Comte jusqu'à nos jours.
In-12 . . . . 3.50

G.-L. FONSEGRIVE

François Bacon.
In-12 . . . . 3.50

L. NOEL

Conscience du libre arbitre.
In-12 . . . . 3.50

N. BOULAY

Principes d'Anthropologie générale.
In-12 . . . . 3.50

www.ingramcontent.com/pod-product-compliance
Lightning Source LLC
Chambersburg PA
CBHW060332170426
43202CB00014B/2753